LONJA DE LOS MERCADERES DE VALENCIA

VOLUMEN 1
CRONOLOGÍA DE SU CONSTRUCCIÓN

Manuel J. Ramírez Blanco

LONJA DE LOS MERCADERES DE VALENCIA

VOLUMEN 1
CRONOLOGÍA DE SU CONSTRUCCIÓN

edUPV

Universitat Politècnica de València

Cita recomendada
 Ramírez Blanco, Manuel J. (2024). *Lonja de los Mercaderes de Valencia: Vol. 1. Cronología de su Construcción*. edUPV

© 2024, edUPV
 Venta: www.lalibreria.upv.es / Ref.: 0924_03_01_01

ISBN (OC): 978-84-1396-099-9
ISBN (Vol 1): 978-84-1396-100-2
Depósito Legal: V-2045-2024

Diseño y maquetación: Antonio García Tomé
Imprime: La Imprenta CG

Si el lector detecta algún error en el libro o bien quiere contactar con los autores, puede enviar un correo a edicion@editorial.upv.es

edUPV se compromete con la ecoimpresión y utiliza papeles de proveedores que cumplen con los estándares de sostenibilidad medioambiental
https://editorialupv.webs.upv.es/compromiso-medioambiental/

Impreso en España

A mi hija

ÍNDICE

PRÓLOGO

La publicación que tiene en sus manos está compuesta por una serie de cuatro volúmenes, interrelacionados, que constituyen una unidad y aunque cada uno de ellos tiene su propia autonomía, ahondando en su correspondiente campo específico, se interconectan y apostillan.

Así pues, la serie «Lonja de los Mercaderes de Valencia» se compone de los siguientes volúmenes:

Volumen I: *Cronología de su Construcción.*
Volumen II: *Espacio, Forma y Representación.*
Volumen III: *El Huerto de los Naranjos.*
Volumen IV: *Iconografía, Memoria Histórica y Restauración.*

El presente volumen analiza la cronología de la construcción de la Lonja de Valencia, sus avatares, hitos significativos de su proceso constructivo, y sus artífices, por considerar que además de poco divulgados ayudan a comprender mejor su arquitectura y complementa la visita presencial al conjunto monumental. Por otra parte, se trata de sacar a la luz las verdaderas fuentes: los libros de obra; puesto que en la construcción de la Lonja, a través de escribanos (lo que hoy sería equivalente a notarios), se daba fe de todo cuanto entraba y salía de la obra con la finalidad de velar por los recursos destinados a su construcción; pues toda la financiación se llevó a cabo con dinero público a través de un *Impuesto de Mercadería* de ámbito municipal.

A pesar de que un incendio hizo desaparecer una parte de aquellos valiosos libros, aún nos queda un auténtico legado de nuestros antepasados que me ha permitido representar a través de imágenes la evolución y estado de las obras en las fechas más relevantes; una buena parte de ellas procedentes de mi tesis doctoral: *La Lonja de Valencia y su conjunto monumental, origen y desarrollo constructivo. Evolución de sus estructuras: Sinopsis de las intervenciones más relevantes. Siglos XV al XX.* Universitat Politècnica de València, 1999.

En consecuencia, con esta publicación pretendo facilitar la interacción del visitante con el monumento haciendo uso de su predominio gráfico, lo que facilitará la comprensión del profano en materia de construcción y el conocimiento de aquellos espacios que no pueden ser visitados por encontrarse cerrados al público o tener el acceso restringido. Los hechos históricos relacionados con la construcción quedan reflejados gráficamente, asignándole al texto el rol de conglomerante de la propia imagen, como lo hace el mortero de cal de la Lonja, trabando cada uno de sus sillares.

La mayor parte de las imágenes son virtuales, fruto de la traducción de textos extraídos fundamentalmente de los libros de obra y Manuals de Consell y su posterior conversión a imágenes. Los renglones de aquella valiosa fuente documental los transformé en líneas; los párrafos y páginas, en imágenes; y el presente libro, en una guía gráfica con la hipótesis constructiva, hitos y otros sucesos acaecidos durante las obras de la Lonja entre los siglos XV y XVI, haciendo una interpretación de los elementos constructivos más singulares y de sus espacios.

Concluyo, destacando que como la función de este libro es la de divulgar y facilitar el conocimiento y «lectura» del monumento, he relegado los aspectos técnicos de su construcción a un segundo plano, evitando descender a las complejas soluciones técnicas y constructivas que se utilizaron en la construcción de la Lonja ocupándome, en mayor medida, de los numerosos hechos y citas que describen los libros de obra relacionados con el desarrollo cronológico de su proceso constructivo: el dónde, cuándo, cómo, quién y con qué se hizo.

El autor

AGRADECIMIENTOS

Al Excelentísimo Ayuntamiento de Valencia por facilitarme el acceso a todas las dependencias del conjunto monumental y a su Archivo Histórico Municipal; una auténtica fuente en donde se encuentran, entre otros muchos tesoros, los valiosísimos libros de obra de la Lonja y otros tantos de gran valor histórico. Ahí está depositada su verdad, sus hechos, avatares y artífices.

Y mi eterna gratitud a la Universitat Politècnica de València que tanto me dio; lugar en donde desarrollé mi carrera profesional, docente e investigadora, recibiendo becas y ayudas a la investigación para la Lonja, a mi amigo y compañero Javier Benlloch, a Jaime Llinares y a todos los compañeros y compañeras, becarios y colaboradores del Departamento de Construcciones Arquitectónicas de la UPV, por los años inolvidables vividos durante la restauración de la Lonja y, por último, a Reme Pérez y a su equipo de la Editorial de la UPV, mi gratitud por su amabilidad y profesionalidad.

Ambas instituciones fueron mis Columnas de Hércules que hicieron posible una de las experiencias más emocionantes de mi recorrido profesional y científico: la documentación, restauración y redacción del Plan Director para la salvaguarda de uno de los monumentos más representativos y hermosos del gótico civil europeo, icono del Siglo de Oro valenciano y, en 1996, inscrito en la lista de Patrimonio Mundial de la UNESCO.

«IN MEMORIAM»

MAESTROS

PERE COMPTE/JOAN YVARRA/MIQUEL JOAN PORCAR/MARTÍ GIRBÉS/ALFONSO DE LEO/JOAN CORBERA/DOMINGO DE URTIAGA/FRANCISCO MARTÍNEZ *BIULAYGUA*/ MIQUEL GALBES/JAUME VICENT/VICENT DE OLIVA/ANTHONI STHEVE/ROYO/JERONI/ MELCHIOR ANDRÉS/JAUME VICENT/COSME TORRALBA/FRANSESCH EXIMENIS/ FRANSESCH GINER/JOHAN DE KASSEL/JOHAN ORTS/MIQUEL GUILLEM/PERE BEVIÁ/ GUILLEN DE REY/JOAN DE CÓRDOBA/MIQUEL JOAN MARTÍ/ASENSI DE LA FOS/ARNAU MORET/MIQUEL ARNAU/JOAN BRUNET...

PROFESIONALES

ALBAÑILES/BRONCISTAS/CALAFATES/CARPINTEROS/CERRAJEROS/ENTALLADORES/ ESCULTORES/FERRALLISTAS/HERREROS/IMAGINEROS/LIMPIADORES/MAESTROS ALBAÑILES/PEONES DE ALBAÑIL/PICAPEDREROS/PINTORES/CAPATACES/ TAPIADORES/TORNEROS/VACIADORES/VIDRIEROS...

PROVEEDORES

ARENEROS/BOTEROS/CALDEREROS/CAJEROS/CARRETEROS/CORDELEROS/ DROGUEROS/ESPARTEROS/LADRILLEROS/LANCEROS/MERCADERES/TENDEROS/ TRAJINANTES/VENDEDORES DE HIERRO/YESEROS...

...Y TODOS AQUELLOS PROHOMBRES, CIUDADANOS Y MERCADERES VALENCIANOS QUE, CON SU CONTRIBUCIÓN, FINANCIARON E HICIERON POSIBLE LA CONSTRUCCIÓN DE LA *LONJA DE LOS MERCADERES.*

Principales oficios que trabajaron en la Lonja. Extraído de la publicación: *La Ciutat de València*. Sanchis Guarner, M. Valencia, 1981 («Auca» con diferentes oficios existentes en Valencia, 1578, obra de Miquel Borrás).

ORGANIZACIÓN DE LAS NACIONES UNIDAS
PARA LA EDUCACIÓN,
LA CIENCIA Y LA CULTURA

CONVENCIÓN SOBRE
LA PROTECCIÓN DEL PATRIMONIO
MUNDIAL,
CULTURAL Y NATURAL

*El Comité del Patrimonio Mundial
ha inscrito*

La Lonja de la Seda de Valencia

en la lista del patrimonio mundial

*La inscripción en esta lista confirma el valor
excepcional y universal
de un sitio cultural o natural que debe ser protegido
para el beneficio de la humanidad*

FECHA DE LA INSCRIPCIÓN
7 de diciembre de 1996

DIRECTOR GENERAL
DE LA UNESCO

Documento acreditativo de la declaración de la Lonja como Patrimonio Mundial

Certificado de la declaración de la lonja, como Patrimonio de la Humanidad por la UNESCO. Al respecto, lamento una imprecisión cometida con el apellido asignado a la Lonja, pues nunca fue una lonja «de la Seda» sino: «de los Mercaderes». Así se denominó desde sus orígenes, ya que no sólo se comerciaba con la seda y otros textiles, sino con muchísimos productos propios de la tierra y hasta con muebles. Es más, la Lonja llegó a destacarse por la realización de operaciones financieras, a través de la *Taula de Canvis*, en donde se libró la primera letra de cambio del mundo occidental.

EXORDIO

El valor iconográfico y arquitectónico de la Lonja de Valencia no queda patente sólo en sus esculturas, gárgolas, o multitud de finas tracerías, archivoltas, parteluces y medallones. Su verdadero tesoro queda oculto e implícito en la «idea de arquitectura», en la interpretación de sus volúmenes, en el orden espacial y, sobre todo, en su valor de representación.

En efecto, la Lonja de Valencia es mucho más importante por lo que representa que por lo que es en sí. Se podrá valorar su belleza arquitectónica y sus extraordinarios alardes constructivos; su delicadeza compositiva y sus tersos y sólidos muros tardo-góticos; o su acercamiento al renacimiento con el que, por circunstancias históricas, se acabó fundiendo; pero, en mi opinión, lo que la UNESCO debió valorar para incluirla en su lista de Patrimonio Mundial tuvo más que ver con aspectos menos tangibles y en mayor medida con la forma en la que la susodicha «idea de arquitectura» representa aquel próspero reino de Valencia del siglo XV, a los poderes institucionales de la Iglesia, el comercio y la mercadería, en el contexto histórico de una sociedad medieval económicamente avanzada.

En ese sentido, la Lonja está repleta de mensajes escritos, con letra o grabados en la piedra, y aparentes u ocultos; en todo caso, mensajes que dejan constancia de que nos encontramos ante una auténtica «catedral para el comercio». El icono de un reino que debe su mayor riqueza al comercio y al intercambio económico y cultural y en consecuencia ha de poner en valor sus benéficos resultados. De ahí que se acabe erigiendo una catedral que simbolice el poder de la Iglesia y aglutine ese paradigma económico y social.

En cuanto a la financiación de sus obras, fueron costeadas con dinero público a través de un «impuesto de mercadería». La Lonja de Valencia, nació para el fomento del comercio interior y exterior, para ser compartida con todos sus ciudadanos y desde el año 1996, con toda la Humanidad.

A lo largo del siglo XV (Siglo de Oro), el Reino de Valencia se encontraba inmerso en un período de renacimiento económico y social que lo acercaba a otros pueblos prósperos del entorno del Mediterráneo; una sociedad rica y desarrollada que tenía reconocidos sus derechos civiles y que contaba, incluso, con moneda propia. Toda esa prosperidad quedaría reflejada en el estilo de sus arquitecturas, predominando, al igual que en el resto del poderoso reino de Aragón, un gótico tardío con clara vocación renacentista. Mientras otro gótico —más canónico— se resiste a ser abandonado en otros reinos y feudos dominantes, que construyen catedrales para el culto, en la ciudad de Valencia se construye una catedral, pero... para el comercio.

Otro aspecto que da coherencia a aquella simbiosis religiosa, social y mercantil del Reino de Valencia, está presente en la Lonja, en su espacio más representativo: el Salón Columnario; en él, sus piedras hablan...

Lejos de los tradicionales mensajes iconográficos, a través de la pintura o la escultura en otros territorios cuyos ciudadanos tienen difícil acceso a la cultura, en la Lonja los mensajes se transmiten a través de la escritura, caligrafiada o labrada en sus piedras. Y lo hace en el lenguaje más culto e internacional de la época: el latín. Y fue así, porque se trataba de un edificio que debía guardar coherencia entre contenido y continente, construido para una clase social que se pretende culta, inmersa en la actividad mercantil, que valora y promueve el intercambio dentro y fuera de sus fronteras, en contraposición con el enclaustrado modelo feudal. Así pues, el privilegiado idioma universal, el latín, como en la Iglesia, debía tener presencia predominante en la Lonja.

Y es en dicho idioma con el que se transmite el mensaje más sagrado que existe en el conjunto monumental y en su espacio de mayor representación. En realidad, se trata de una advertencia dirigida a los mercaderes que, rodeando la coronación de los muros del susodicho salón, punto central de las transacciones, con letras doradas, dice:

CASA FAMOSA SOY EN QUINCE AÑOS EDIFICADA, COMPATRICIOS VENID Y VED CUAN BUENO ES EL NEGOCIO QUE NO LLEVA EL FRAUDE EN LA PALABRA, QUE JURA AL PRÓJIMO Y NO LE FALTA, QUE PRESTA SU DINERO SIN USURA, EL MERCADER QUE ASÍ OBRE ALCANZARÁ RIQUEZAS Y POR ÚLTIMO LA VIDA ETERNA.

15

EMPLAZAMIENTO Y PREEXISTENCIAS MEDIEVALES

1

VALENTIA. FUNDACIÓN ROMANA

Diversos historiadores e investigadores de prestigio y una buena cantidad de excavaciones arqueológicas llevadas a cabo por el Excmo. Ayuntamiento de Valencia, han ido aportando importantes datos desconocidos sobre la génesis de la ciudad, llegando a conclusiones sorprendentes sobre sus orígenes y características urbanas. Todos ellos coinciden en considerarla como una ciudad de fundación romana, denominada *Valentia*, cuya creación data del año 138 a.C. y asentada en una isla fluvial formada por el río *Tyris* (hoy Turia) y una de sus bifurcaciones.

De todos los estudios e investigaciones llevadas a cabo respecto a las condiciones geográficas de la fundación romana, propongo la imagen de un plano de la ciudad, que forma parte de la tesis doctoral de Mª Jesús Teixidor de Otto, que superpone el discurso fluvial y las curvas de nivel topográficas. Con un círculo rojo, indico la posición de la Lonja, bajo la cual todavía existen restos del foso por el que transcurría la referida bifurcación del río *Tyris*. Con un círculo verde, sitúo el lugar que ocupaba el foro romano, cuyos restos arqueológicos son visibles. En línea de puntos, el recinto del castro romano, según dicha doctora.

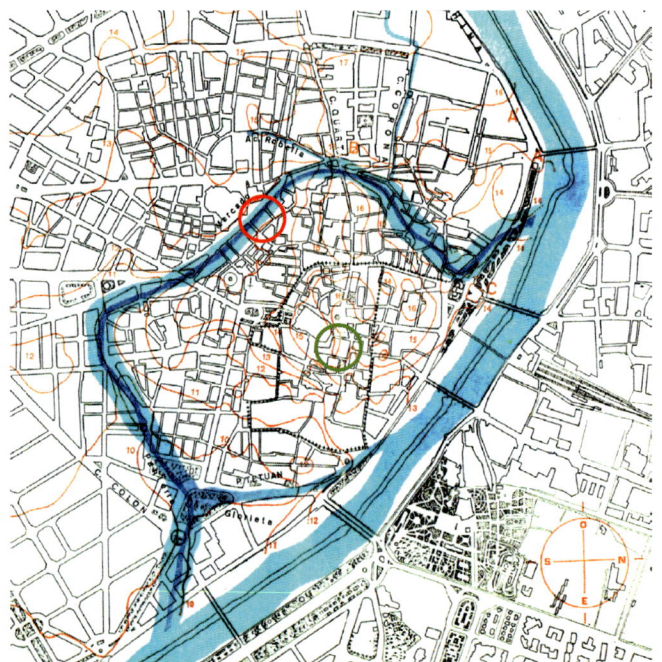

Plano de Valencia con el transcurso del río *Tyris* y la delimitación del recinto del castro romano, aunque numerosas excavaciones arqueológicas llevadas a cabo recientemente han ido precisando, con mucha exactitud, su perímetro.

Fuente: Teixidor de Otto, María Jesús, Tesis Doctoral (1976).

RECINTO MEDIEVAL CRISTIANO

En el período cristiano el recinto amurallado de Valencia era uno de los más grandes de Europa, con más de 148 ha. La Lonja quedaba situada en su centro de gravedad y el lenguaje —y uso— de su trama urbana era fiel reflejo de otras culturas preexistentes, sobre todo del período árabe, en donde al trazado de sus calles y *atzucats* (calles sin salida), son la herencia de un período próspero para el desarrollo comercial que vendría a desarrollarse con plenitud en el siglo XV.

Otra herencia medieval, que se manifiesta en el entorno de la Lonja, son las abundantes calles gremiales y restos de elementos arquitectónicos que se conservan en los muros de antiguos edificios, casas y palacios.

A la izquierda:

- ● Situación de la Lonja de los Mercaderes.
- — Delimitación del recinto medieval cristiano.
- — Calles sin salida (*Atzucats*), que aún existen.

A la derecha:

- ● Situación de la Lonja de los Mercaderes.
- — Delimitación del recinto medieval cristiano.
- — Calles gremiales.

ENTORNO VIRTUAL DE LA LONJA EN EL SIGLO XV

Plaza del Mercado

Plaza del Mercado

Plaza del Mercado

Arriba, izquierda, hipótesis del estado del parcelario en 1440 con una parte de la trayectoria del brazo del río Turia que afectaba a la Lonja:

1. Primera lonja de Valencia, activa hasta el siglo XIX, denominada, por entonces: *Lonja del Aceite*.

2. Iglesia de San Juan (*Santos Juanes*).

3. Fragmento de *Valladar* supuestamente coincidente con el brazo del río *Tyris*.

Arriba, derecha, espacio que ocuparía la construcción del edificio del Salón Columnario y la torre de la Lonja.

Abajo, superposición del conjunto monumental de la Lonja sobre el parcelario preexistente. En el entorno arquitectónico medieval, debió suponer un fuerte impacto al competir, en altura, con la iglesia de San Juan.

ANTIGUA LONJA

La expansión comercial y financiera de la ciudad de Valencia llegó a alcanzar un gran desarrollo durante el siglo XIV. De hecho, diversas fuentes documentales indican la existencia de una vieja lonja de mercaderes construida en el año 1344, ya referida en la página anterior, y situada en la plaza del Dr. Collado, en las inmediaciones de la Lonja actual.

En el siglo XVIII, aquella lonja se destinó, casi en exclusiva, al comercio del aceite. De ahí que se le denominase: *Lonja del Aceite*. Sufrió varias ampliaciones y estuvo en funcionamiento hasta que un incendio en el siglo XIX la hizo desaparecer. Restos de su cimentación y parte de la estructura mural se encuentran soterrados bajo la susodicha plaza. Dicha ocultación, supuso una pérdida importante para poder valorar el pulso comercial que tuvo Valencia en el siglo XIV. Una adecuada excavación, convertida en ventana arqueológica, con forjado de cristal y bien iluminada, nos habría permitido valorar la importancia que alcanzó el comercio en las lonjas, entre los siglos XIV y XV, al comparar el tamaño y riqueza arquitectónica de ambas. De hecho, existe cartografía histórica de Mancelli (1608) y Tosca (1738) que deja constancia de la considerable diferencia de tamaños entre ambas lonjas.

Existe mucha más información sobre la primera lonja en el «Archivo de Rieta». **Fuente:** Archivo Histórico del Excmo. Ayuntamiento de Valencia.

■ Antigua lonja de *L'Oli*.   ■ Actual *Lonja de los Mercaderes*

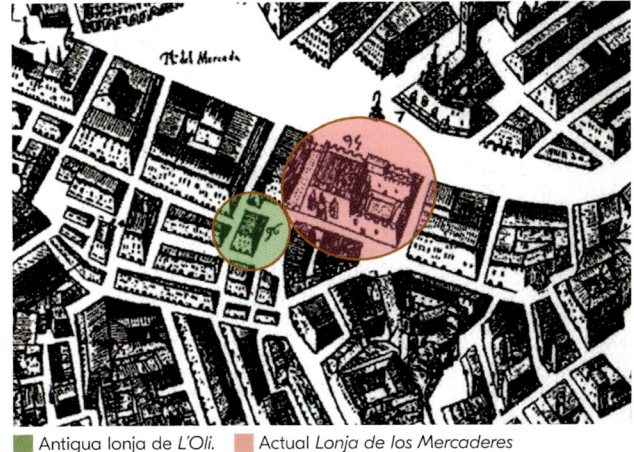

■ Antigua lonja de *L'Oli*.   ■ Actual *Lonja de los Mercaderes*

Arriba, a la izquierda, situación de la antigua lonja de *L'Oli* y la actual *Lonja de los Mercaderes* en un plano trazado por Mancelli, 1608. **Fuente:** colección particular de Emilio Rieta; (en la actualidad el plano se encuentra en el Ayuntamiento de Valencia). A la derecha, la antigua y nueva lonja en el año 1738; plano trazado por el padre Tosca, con indicios de la ampliación mediante un porche. **Fuente:** fondos del Ayuntamiento de Valencia.

Lugar aproximado que ocupó la vieja Lonja en la plaza de Dr. Collado. Un olivo situado en la esquina sudeste de la plaza simboliza el uso predominante, de venta de aceite, que tuvo durante el final de su etapa (siglo XIX).

Fuente: fotografía de Google maps.

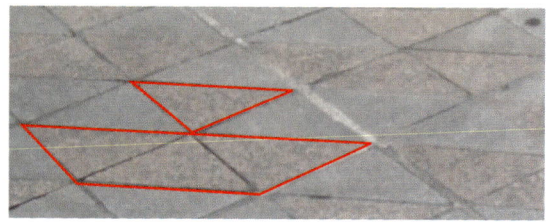

Arriba, a la derecha, plaza del Dr. Collado. En 1999, el Ayuntamiento de Valencia urbanizó la plaza.

Abajo, a la izquierda, detalle del pavimento que evoca los *Libros de Entradas y Salidas* de la *Mesa de Cambios* que se encontraba en la nueva Lonja. *Llibres del Va y Ve.* Símil del movimiento del dinero... el trasiego económico del comercio... El dinero va y viene.

Esos hechos, quedan expresados en el pavimento con figuras geométricas que representan palomas que van y vuelven de la nueva Lonja. En color rojo, una paloma realizada con granito en dirección a la Lonja. (R. Jiménez y P. Soler, arquitectos).

Dichas figuras se encuentran inscritas en cuadrados mágicos con base en el número 15; número, muy presente en la nueva Lonja.

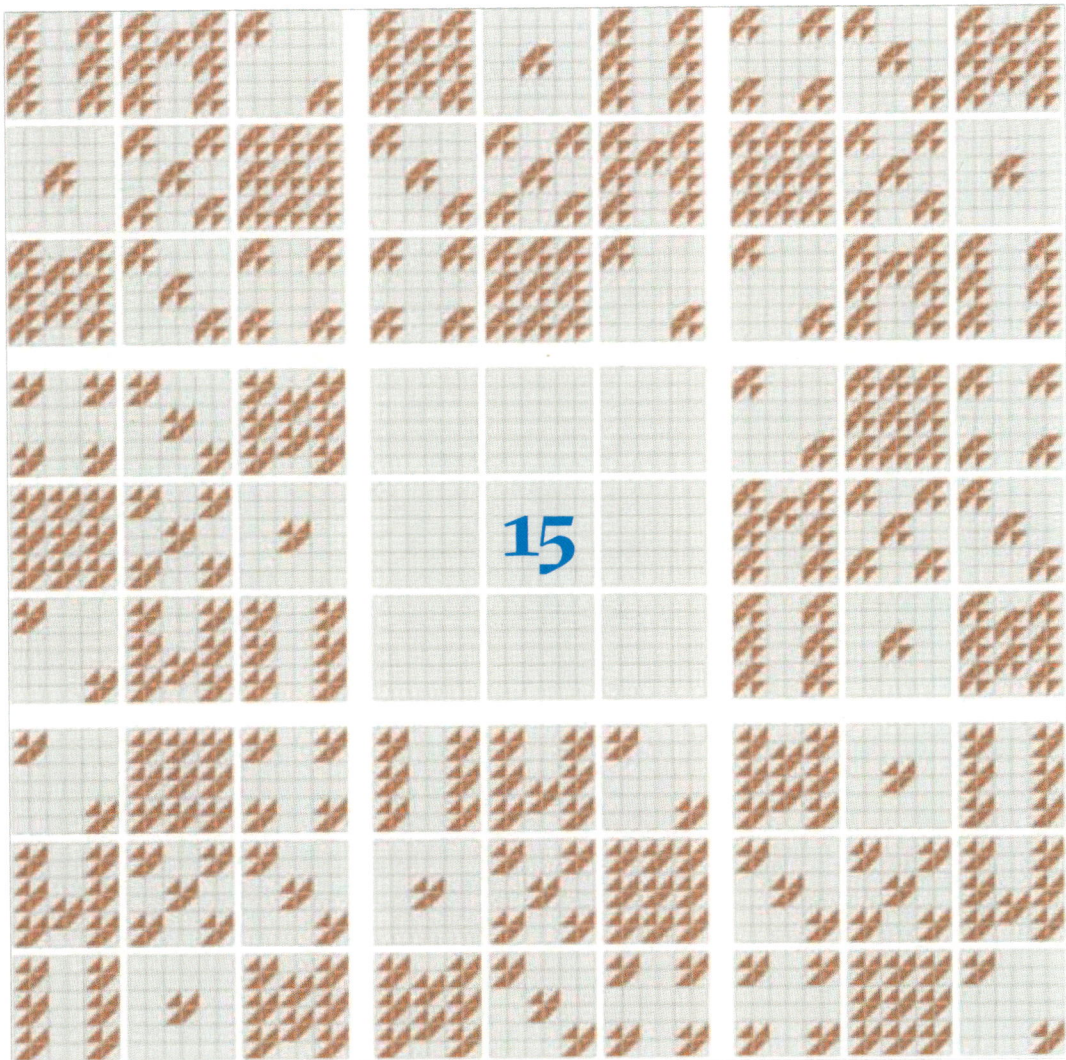

Dibujo del pavimento de la plaza de Dr. Luis Collado, obra de los arquitectos Román Jiménez y Pedro Soler, (Servicios Centrales Técnicos, Excmo. Ayuntamiento de Valencia), sobre el que sitúo el número 15 en el centro de un gran cuadrado mágico que integra otros ocho, con el efecto del *va y viene* de los grupos de palomas. La suma de estas aves, en cada fila, columna o diagonal, da siempre el número 15 (cuadrado mágico de al-Khwarizmi, siglo IX, a partir del cuadrado mágico neopitagórico del siglo I d.C.)

CONSTRUCCIÓN DE LA LONJA 2

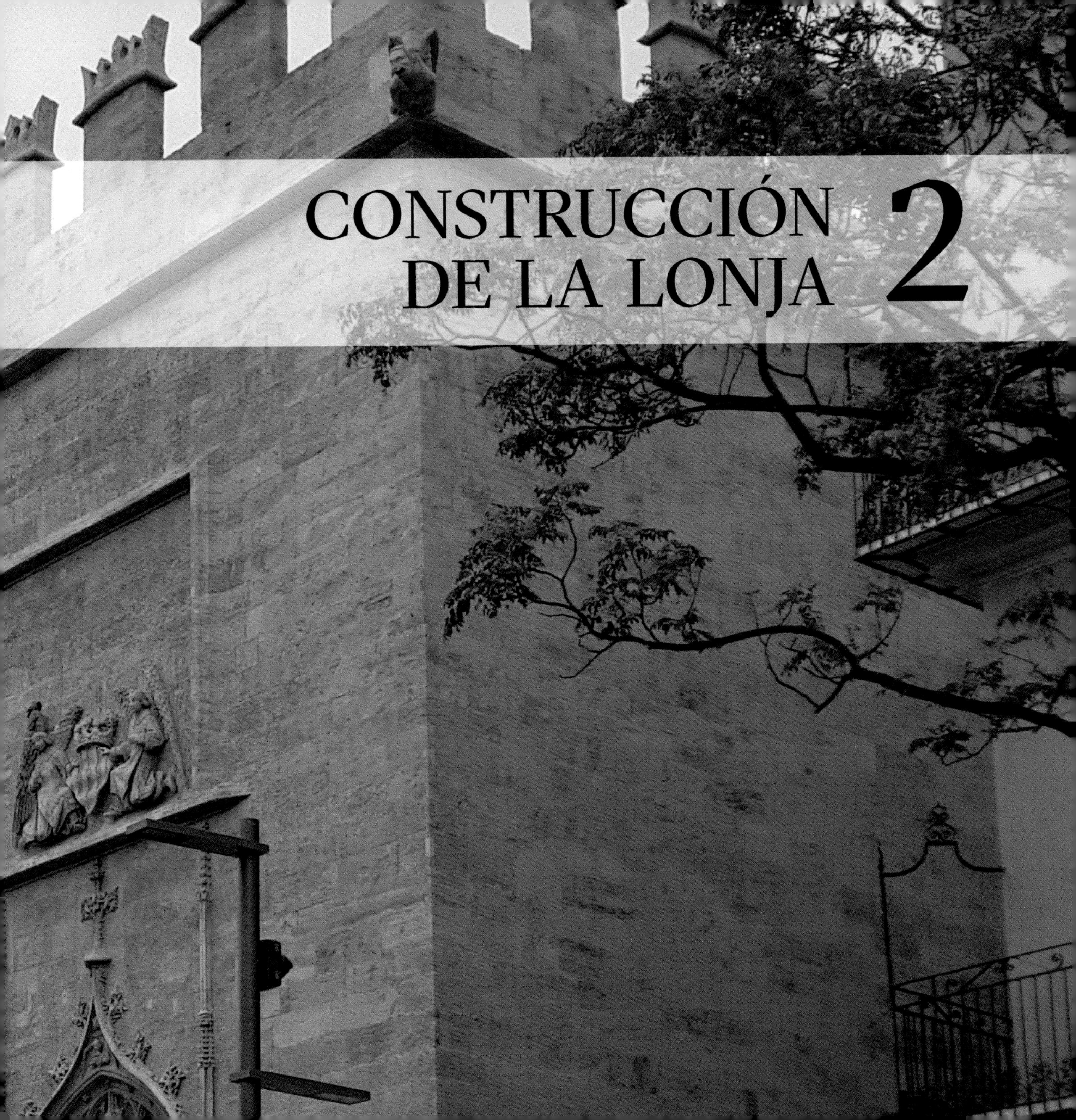

PROGRAMA ARQUITECTÓNICO INICIAL

El encargo original que recibieron los maestros Pere Compte y Joan Ybarra (véase la página 30), consistiría en la construcción de un gran salón para las transacciones; una poderosa torre, a la que se accede a través de una escalera de caracol; y un huerto, de traza cruciforme, a semejanza del *Hortus Conclusus*.

Por sus características arquitectónicas y representativas, el espacio ajardinado debió quedar condicionado como un programa estrechamente relacionado con el salón destinado a las transacciones. De hecho, como tendré la ocasión de mostrar, la relación entre dichos espacios sería directa y, aunque con autonomía propia, uno sería complementario del otro.

Programa original de la Lonja de los Mercaderes: **1.** Salón para las transacciones. **2.** Torre. | **3.** Escalera de caracol. | **4.** Huerto.

PROGRAMA ARQUITECTÓNICO DEFINITIVO

Espacios cerrados:

Salón para las transacciones: Salón Columnario, escalera de caracol, torre y edificio consular.

Espacio abierto:

Huerto de los Naranjos.

Recreación virtual de la planta de la Lonja en 1548. Año de la conclusión de sus obras de construcción: **1.** Salón Columnario. | **2.** Escalera de caracol. | **3.** Torre. | **4.** Edificio consular. | **5.** Huerto de los Naranjos. | **6.** Dependencias militares, construidas en el siglo XVIII para alojar cocinas, letrinas y caballerizas, que mutilarían la estructura del huerto. Tras la guerra de Sucesión, la Lonja fue destinada a cuartel durante los siglos XVIII y XIX, aunque a principio del siglo XX aún existía un retén militar. Hasta bien entrado el siglo XIX, debido a su uso militar, la Lonja recibió el nombre de *El Principal*.

HECHOS PRELIMINARES

Año 1469

Las transacciones comerciales en Valencia llegaron a alcanzar tanta importancia que el *Consejo General de la Ciudad* tuvo que decidir la construcción de un nuevo edificio acordando:

> «CONSTRUIR UN SUNTUOSO EDIFICIO QUE REUNIESE
> TODAS LAS CONDICIONES Y COMODIDADES APETECIBLES
> PARA EL OBJETO A QUE SE LE DESTINABA...»

Fachada oeste de la Lonja, con la *Portada de la Virgen*. El repertorio arquitectónico y lenguaje escultórico es el propio de la susodicha catedral para el comercio. El carácter sagrado de la actividad mercantil, como se verá en el interior del Salón Columnario, queda «impreso» en sus muros.

Mayo de 1470

El Consejo de la Ciudad acordó asignar la cuantía que debería entrar en vigor, en concepto de «Impuesto de Mercadería», para la construcción de la nueva lonja. El dinero público fue administrado con sumo rigor. La obra fue auditada a diario mediante una suerte de notario a pie de obra (*escribá*), que controlaba los gastos de materiales y personal afectos a las obras, realizando los asientos en los libros de obra... Todo cuanto entraba en la obra era registrado, en algunos casos, con sumo detalle; de ahí que haya sido posible convertir los textos en imágenes con la hipótesis de los hitos más representativos de la construcción de la Lonja.

Detalle de uno de los valiosísimos libros de cuentas de la Ciudad, correspondiente a los años 1500 a 1660.
Fuente: Archivo Histórico Municipal del Ayuntamiento de Valencia.

12 de enero de 1481

El *Consell de la Ciutat* nombra oficialmente a los maestros Pere Compte y Joan Yvarra como «Maestros de las Obras y en igualdad de condiciones.» *(Manuals de Consells)*. A pesar del nombramiento colegiado de ambos maestros, el verdadero artífice de la lonja sería Pere Compte, pues a Joan Ybarra solamente se le menciona en la etapa del inicio de las obras, desapareciendo en las citas de los referidos libros cuando la obra ya está iniciada.

En efecto, tras el comienzo de la construcción de la Lonja los libros de obra dejan de hacer mención del maestro Ybarra. Algunos historiadores asignan su desaparición por desavenencias profesionales entre ambos maestros. En todo caso, no cabe duda de que la permanencia de Pere Compte como responsable de las obras, se debió a que ya contaba con una gran reputación como maestro en el noble oficio del arte de la piedra, habiendo intervenido en las obras más importantes de la ciudad, incluida la catedral, a las órdenes de un «maestro de maestros»: Francesc Baldomar.

A la derecha, fotografía con el lugar que ocupó el cuadro en el Consulado de Mar de la Lonja en el pasado siglo (Fotografía, en placa de vidrio, que data de 1920, perteneciente al Archivo Histórico Municipal de Valencia). A la izquierda, *La Inmaculada con los jurados de la ciudad* (ocho componentes junto al síndico), obra de Jerónimo Jacinto Espinosa, 1662.

Fuente: Museo Histórico Municipal de Valencia.

19 de marzo de 1482

Se justiprecian y expropian trece casas situadas junto al *Valladar* y plaza del Mercado, por un importe de 3 075 libras. En esta labor pericial intervinieron los maestros Pere Compte y Joan Yvarra, siendo una de las escasas citas que se hace en los libros de obra, a este último.

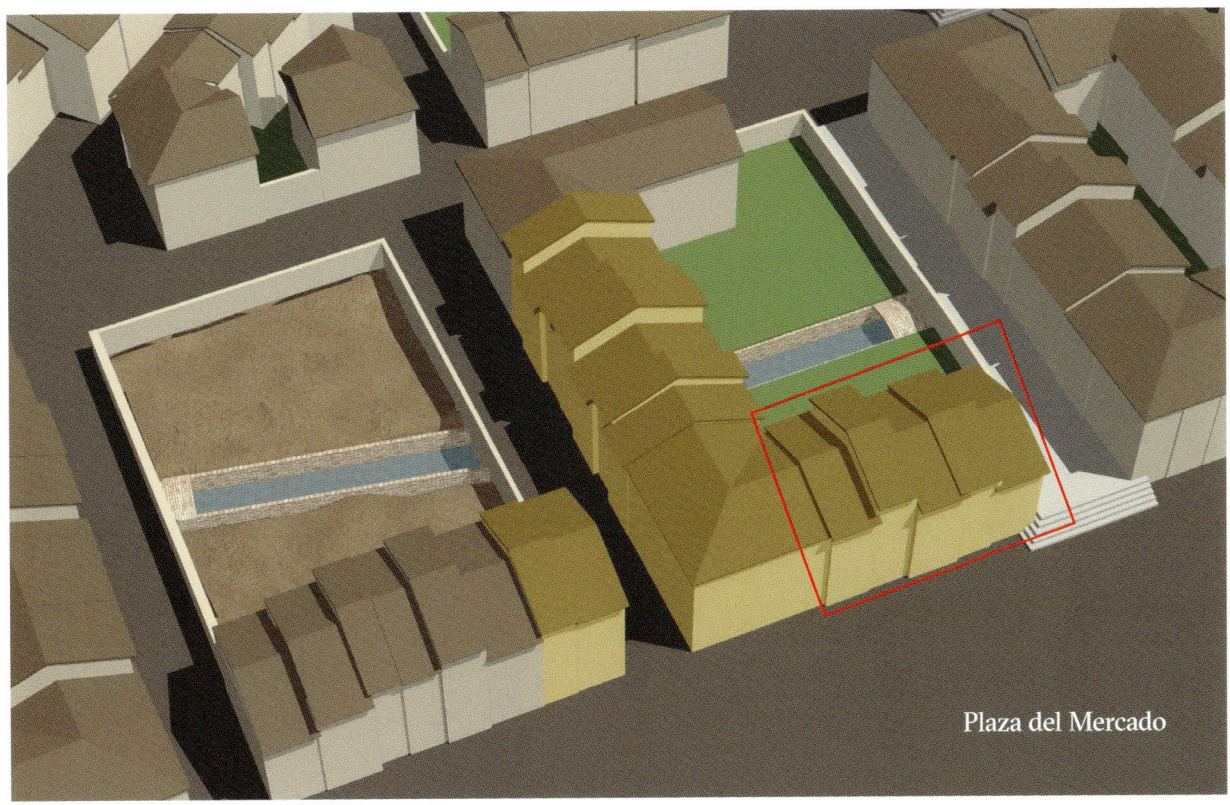

Plaza del Mercado

En amarillo, las casas que fueron justipreciadas para poder construir la Lonja. Todos los propietarios debieron estar de acuerdo con dicho justiprecio, salvo las que recuadro con línea roja. Ese hecho, como se verá, provocaría algún trastorno y retrasos en la construcción del Salón Columnario y vendría a dejar constancia de los derechos que asistían a la ciudadanía en aquella sociedad, pues, a pesar de la importancia cualitativa y económica de la obra y su carácter público, al ciudadano le asiste el derecho a discrepar del justiprecio asignado a su casa y, en consecuencia, negarse a su demolición hasta encontrar un precio consensuado con la Administración Pública.

9 de octubre de 1482

Se compran doce casas para completar la expropiación necesaria que permita construir el Salón Columnario y la torre. El resto de los espacios y parcelas eran propiedad de la ciudad, incluida la casa de Mossen Puchades, en el sector este del salón y una buena parte del actual Huerto de los Naranjos.

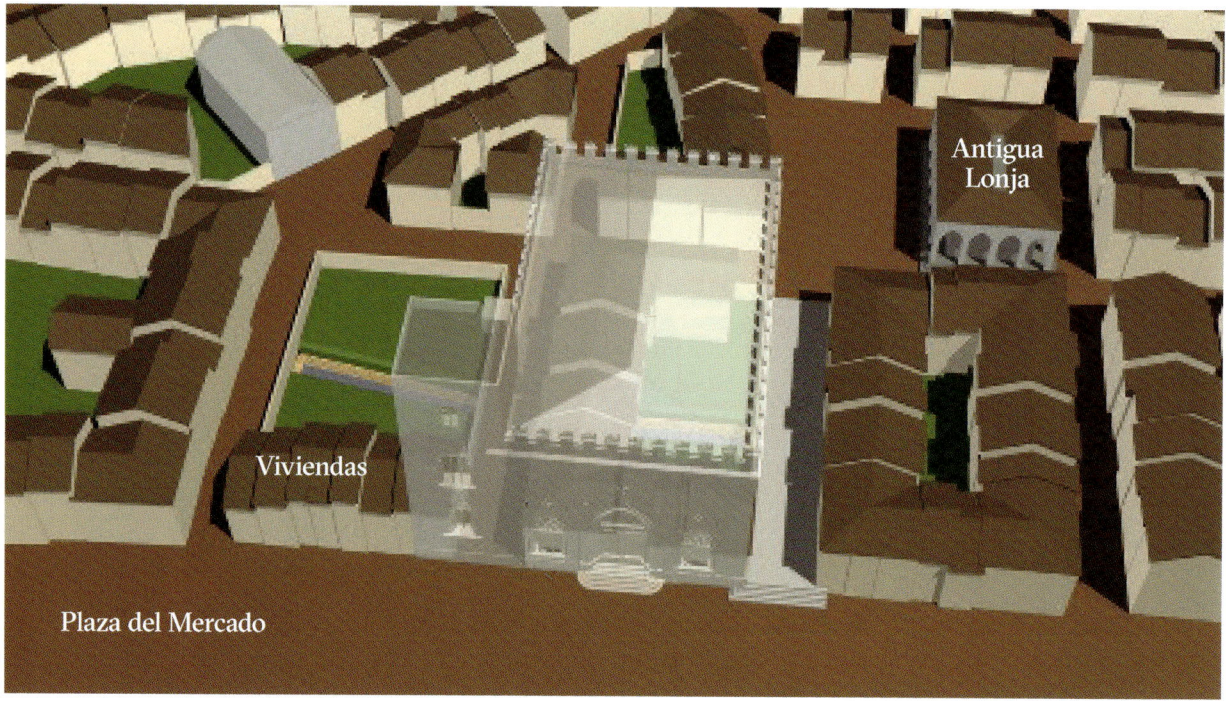

Representación del espacio que ocuparía la Lonja (Salón Columnario y torre) antes de que se decidiera construir el edificio consular junto a la torre. Torre que, como puede verse en la imagen, se construiría sobre la preexistente calle dels Arrocers.

Las viviendas que quedan a la izquierda de la torre serían expropiadas, años más tarde, para construir el edificio consular, cuyas obras darían comienzo entre 1498 y 1499.

5 de febrero de 1483

Fecha del comienzo de las obras. Los libros de obra indican la entrada de lienzas y yeso; medios que se utilizan para el replanteo de las obras. Este hecho, puede leerse en sus muros. Abajo, el escudo reconstruido de la esquina sudeste del Salón Columnario, (que asigno al escultor José Aixa, que llevó a cabo obras de restauración de fachadas en 1885), con la traducción del texto escrito en su filacteria.

LA NOBLE CIUDAD DE VALENCIA
CON EL DESEO DE EXPRESAR
MI EXCELENCIA ME DIO COMIENZO
EL CINCO DE FEBRERO DEL AÑO 1483

A la izquierda, traducción abreviada de la filacteria del escudo de la ciudad... En algunos lugares de la Lonja, la letra queda impresa en la piedra... Los mensajes más singulares se dan por escrito. El recurso iconográfico queda obsoleto para un mercader culto que conoce la lectura.

A la derecha, vista de la esquina sudeste de la Lonja, desde la plaza del Dr. Collado, en donde se encuentra el escudo fundacional de la Lonja.

El conjunto monumental queda delimitado por un escudo en cada una de sus esquinas; todos ellos, escudos coronados con la enseña real o de la ciudad, en diversas versiones, destacando el de la esquina suroeste, único con ángeles tenantes. Este escudo fue mutilado por tenderetes adosados a su fachada y acabó desapareciendo en el siglo XVIII. En 1885 fue reconstruido por el escultor José Aixa gracias a algunas fotografías que se conservaban.

Detalle de los escudos: **1.** Esquina sudeste. | **2.** Nordeste. | **3.** Noroeste. | **4.** Esquina suroeste.

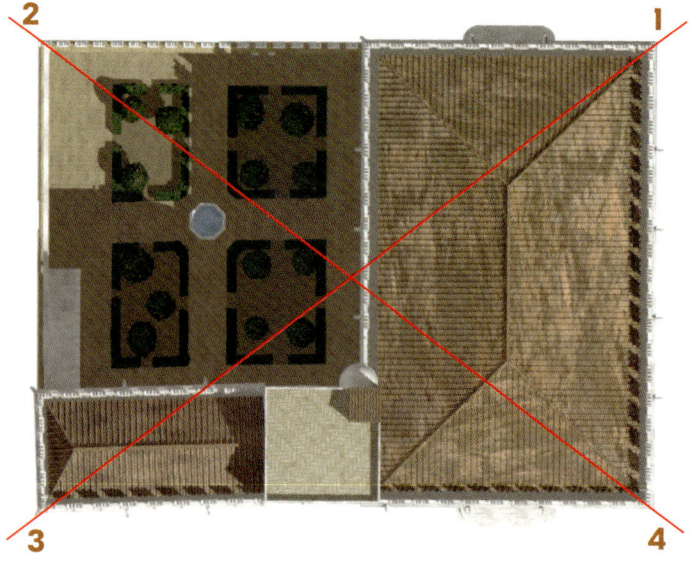

Plano de planta, que representa el estado que debió tener la Lonja en 1548, con la situación de los escudos del conjunto monumental. Compruébese como los escudos reales 2 y 4 se colocan en la diagonal nordeste-suroeste y los de la ciudad, en la otra diagonal.

De los 4 escudos en los cantones de la Lonja, el único que supongo original es el número 2, situado en la esquina nordeste (calles Cordellats y Lonja) y se encuentra en muy mal estado de conservación. Los otros tres, fueron reconstruidos en 1885 por sufrir mutilaciones parciales o haber desaparecido (como el caso de los números 1 y 3). En cuanto al escudo número 4, a mediados del siglo XIX se encontraba sin la corona, como lo muestra la fotografía, abajo, izquierda, que data de 1853.

Fuente: Biblioteca Valenciana.

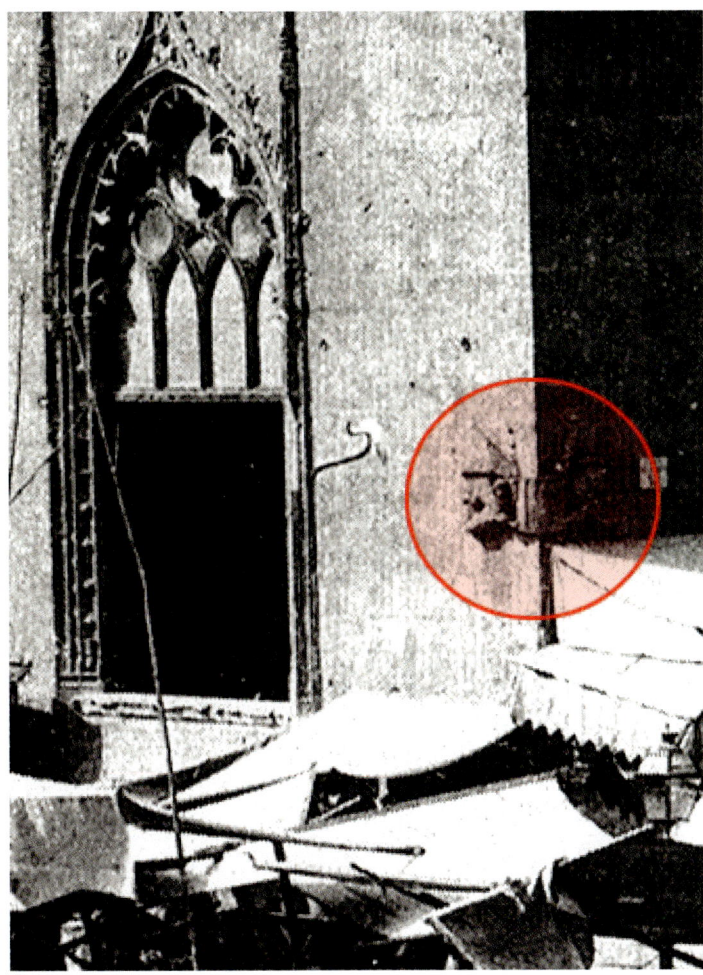

A la izquierda, fotografía de la Biblioteca Valenciana, que muestra el detalle del escudo de la esquina suroeste, sin la corona y posibles daños en los ángeles tenantes.

A la derecha, el deteriorado escudo, que supongo el único que queda original, situado en la esquina de las calles Cordellats y Lonja.

CONSTRUCCIÓN DEL SALÓN COLUMNARIO Y TORRE

Comienzo de las obras

Aclaraciones previas

Las fechas que adjunto sobre los hitos de la construcción de la Lonja son bastante precisas, puesto que las he recogido de la serie de libros de la obra, de los Manuals de Consell y otros documentos de gran valor histórico del Archivo Histórico Municipal y de la Comisión de Monumentos del Ayuntamiento de Valencia.

Sin embargo, las imágenes que ilustran dichos hitos son una interpretación virtual que hago de la lectura y análisis de los hechos que refleja la referida documentación. En consecuencia, se trata de imágenes virtuales que pretenden aproximarse al estado de las obras en unas fechas concretas, pero sin entrar en el rigor técnico y científico que requeriría un análisis constructivo más propio de una publicación especializada, puesto que mi deseo es poner este volumen al alcance de cualquier visitante del conjunto monumental, sea o no profano en el arte de construir.

Por otra parte, el hecho de que un lamentable incendio afectara a algunos libros de obra, no me ha permitido precisar con exactitud otros hitos de relevancia relacionados con la construcción del conjunto monumental, de ahí que algunas fechas no sean tan precisas y deba dejar un cierto margen, basándome en el estado en el que se encontraba la obra, teniendo presente el número de obreros, maestros y su especialidad; así como la naturaleza de los proveedores, suministro de materiales, etc., para aproximar la fecha de ejecución al volumen de obra realizado.

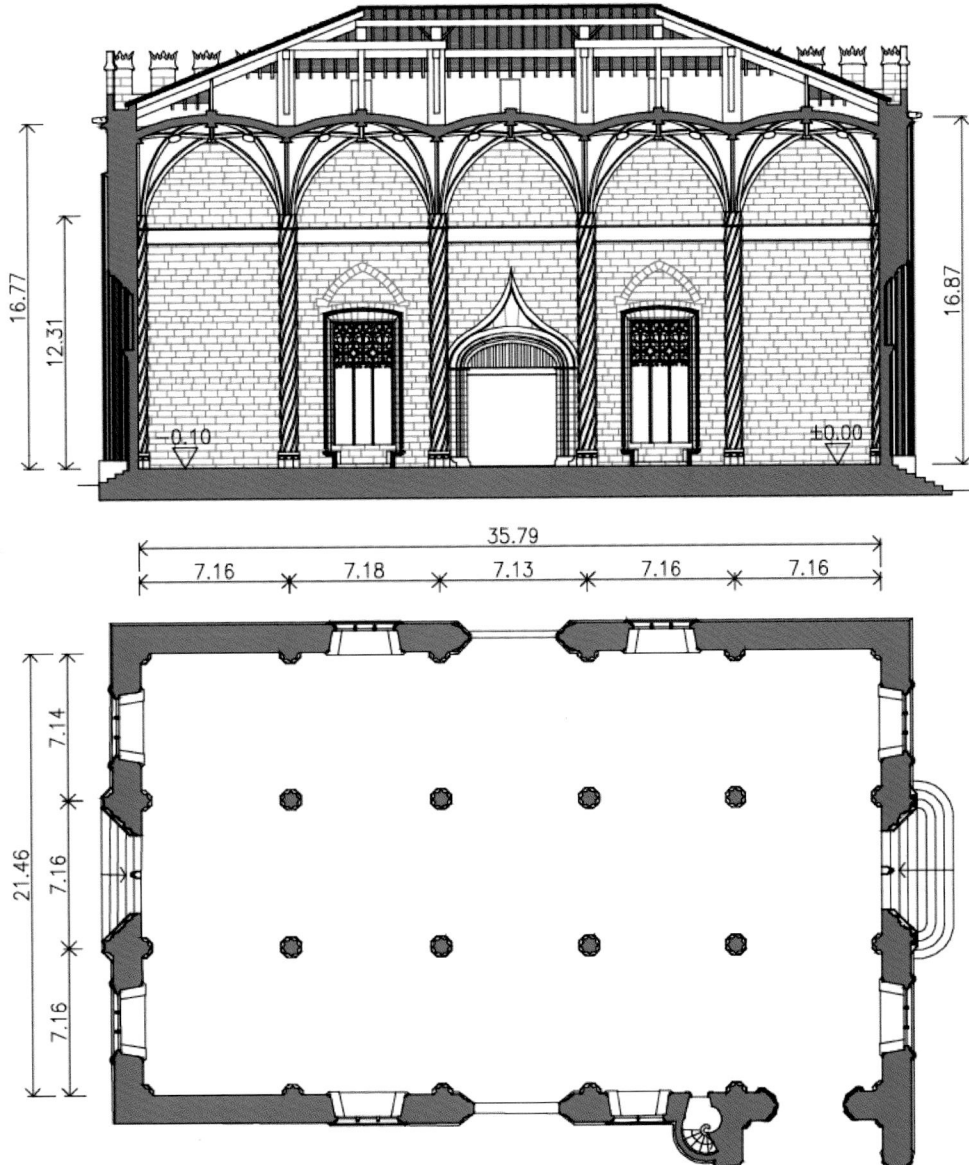

Recreación del plano de planta y sección del Salón Columnario de la Lonja, con sus dimensiones y cubierta original, tal y como debió encontrarse en el siglo XV. En todo caso, debo aclarar que las tracerías de los ventanales son las actuales, obra del escultor J. Aixa (1885), ya que las originales desaparecieron con las guerras de sucesión e independencia.

5 de febrero de 1483

Comienzan las obras de construcción del Salón Columnario, por la esquina sudeste, puesto que las referidas casas recayentes a la plaza del Mercado no habían sido demolidas por un posible desacuerdo de sus propietarios con el justiprecio asignado por el Consejo de la Ciudad.

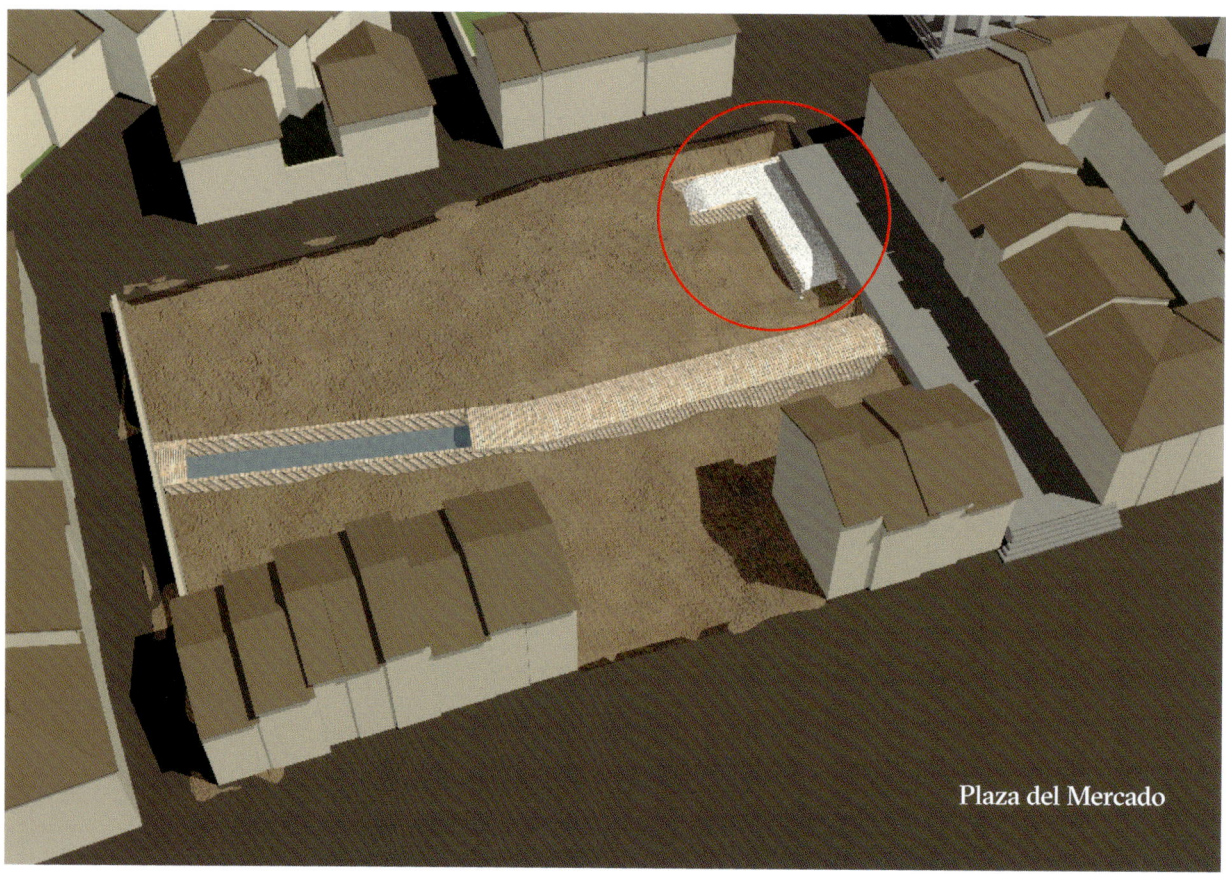

Plaza del Mercado

Imagen virtual con el estado de las obras entre el 10 y 12 de marzo de 1483. Se aboveda el *Valladar*, que seguía el discurso de un brazo del río Turia; se replantea la colosal cimentación de los muros de cerramiento y comienzan sus obras utilizando como encofrado muros de ladrillo, a fondo perdido, y posterior vertido de árido rodado, piedras y cal.

Marzo a junio de 1483

Las obras de construcción de los muros de cerramiento del Salón Columnario correrían la misma suerte que las de la cimentación, debiendo coexistir con las casas recayentes a la plaza del Mercado que aún no habían sido demolidas. En consecuencia, su construcción se realizaría también por el sector sudeste.

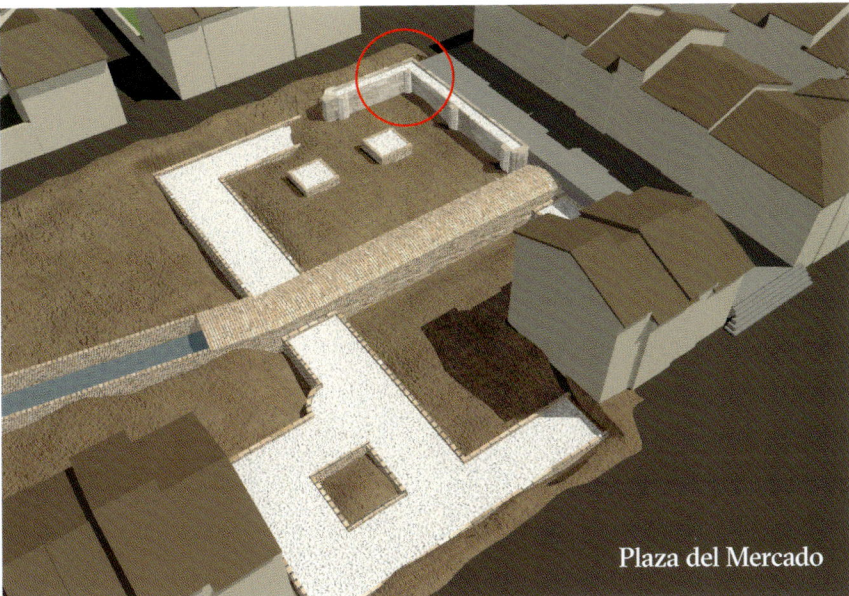

Plaza del Mercado

A la izquierda, hipótesis del estado de las obras en dicha fecha. La cimentación de la torre se habría construido. A la derecha, detalle de los gruesos muros de cerramiento de 1,40 m de espesor. Se construyeron con la técnica italiana *a sacco*: sillería de piedra bien labrada visible por ambas caras del muro (que sirve de encofrado a fondo perdido) rellenando el interior con árido rodado, piedras pequeñas y cal aérea (hidróxido de cal). La sillería se construyó con piedra caliza, con una media de 15 cm de espesor, siendo el largo y ancho variables, según las necesidades de cada hilada. Por ese motivo puede verse que la traba de los sillares no se corresponde con las reglas de un aparejo regular (*isodomo*), dada la susodicha función de encofrado a fondo perdido.

Las canteras que abastecieron la piedra para la Lonja se encontraban en poblaciones próximas a Valencia; fundamentalmente, Godella y *Llíria*.

12 de julio de 1483

Los propietarios de las casas recayentes a la plaza del Mercado debieron llegar a un acuerdo de justiprecio con el Consejo de la Ciudad puesto que, en dicha fecha, los libros de obra recogen la demolición de aquellas, permitiendo así normalizar la construcción de los muros de cerramiento. Este hecho debió ser importante para la buena marcha de las obras, puesto que permitiría equilibrar el volumen de la construcción, con relación al avance de la torre.

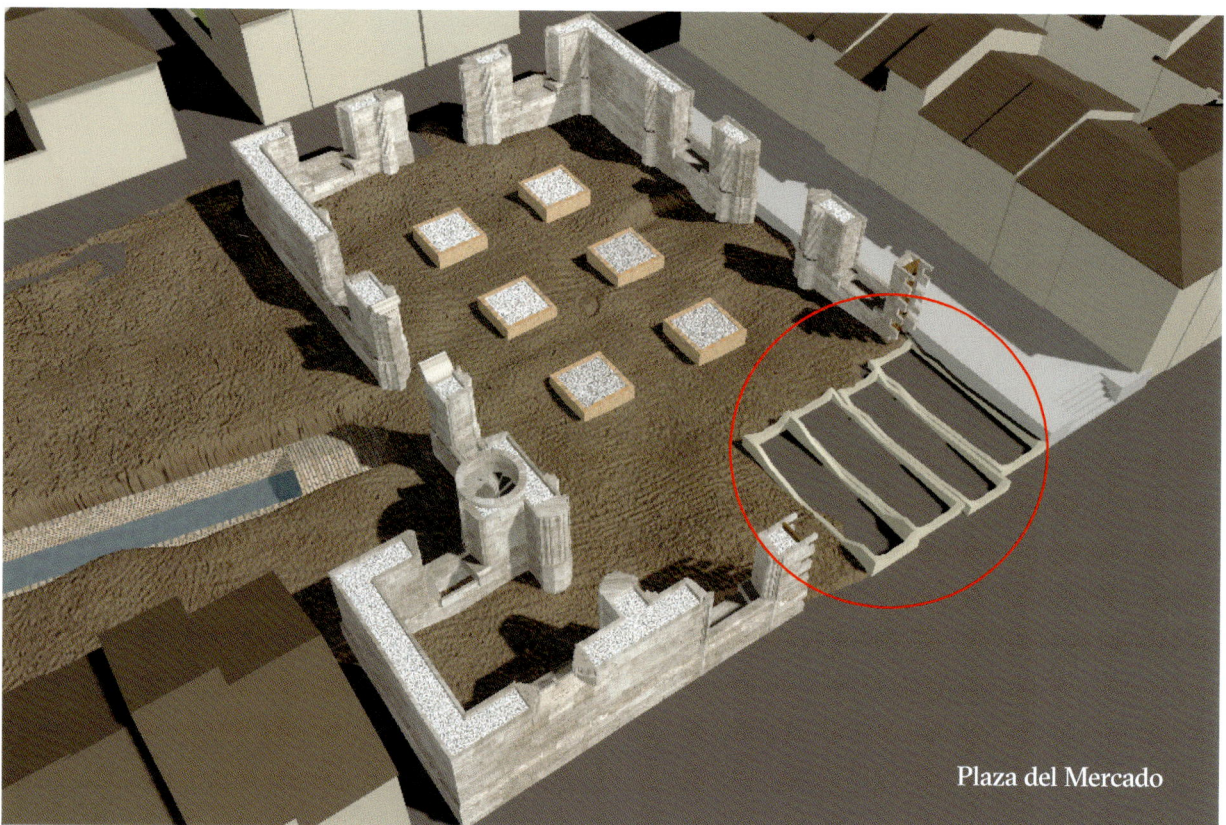

Plaza del Mercado

Por esas fechas, las obras de construcción de la torre estaban muy avanzadas. Se habría construido el primer tramo de la escalera de caracol y el nivel de la planta baja casi a punto de concluir. La tipología constructiva de sus muros siguió siendo la misma que la del Salón Columnario. Por otra parte, interpretando las referencias de los libros de obra, la cimentación de las columnas exentas debía encontrarse en estado muy avanzado.

Año 1491

Durante dicho año, las obras de las cuatro portadas del salón estarían en estado muy avanzado. La planta baja de la torre, que sería destinada a capilla, ya había sido construida, puesto que puede deducirse de los libros de obra que la planta primera se encontraba con sus muros a punto de coronar. El ritmo de construcción del Salón Columnario fue inferior al de la torre y escalera, como consecuencia de las casas sin derribar. Este hecho exigiría la previsión de enjarjes en sus respectivas obras de fábrica de sillería, pues hoy puede verse una traba perfecta.

Plaza del Mercado

Imagen virtual esquemática que muestra que la cimentación de las columnas exentas habría concluido y la elevación de los muros de cerramiento del salón alcanzando el nivel superior de las portadas este y oeste (portadas de Cristo Rey y de la Virgen, respectivamente).

Marzo de 1491

Domingo 1 de marzo de 1491, la construcción de la planta primera de la torre habría concluido con su bellísima bóveda aristada de ocho gallones *(Libros de Obra de Lonja Nueva, oln i3/1491)*. Se trata de una planta de cierta nobleza, pues además de la referida bóveda, sus dos ventanas tienen una refinada tracería y la puerta de acceso, en esviaje, es todo un alarde de la estereotomía. Se completa el espacio con un hermoso pavimento cerámico de Manises.

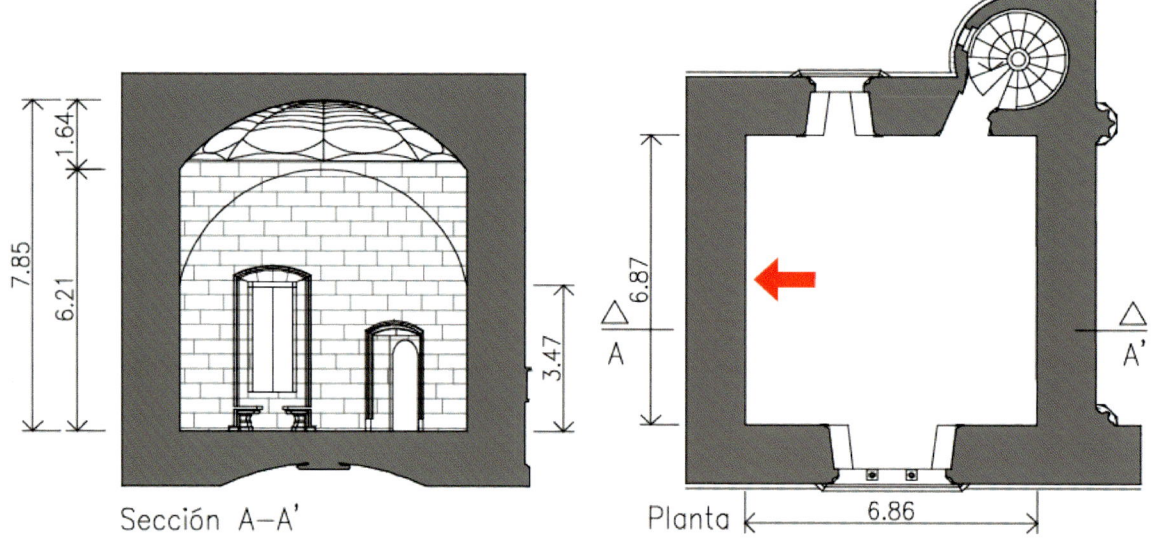

Sección A—A'

Planta

Arriba, sección del primer nivel de la torre y plano de planta, con sus dimensiones aproximadas. Con una flecha, señalo el lugar en donde el Maestro Miquel Joan Porcar abrió una puerta, en torno a 1548, con el fin de conectar la Lonja con el edificio consular.

Abajo, detalle de la puerta que conecta con la planta primera del edificio consular, que se corresponde con el Consulado de Mar.

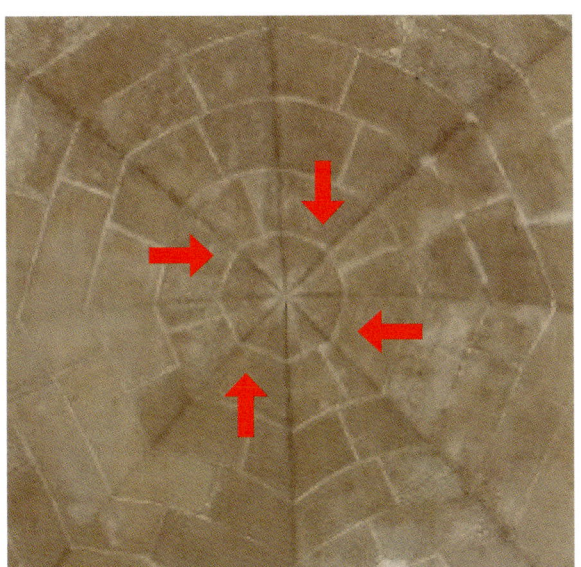

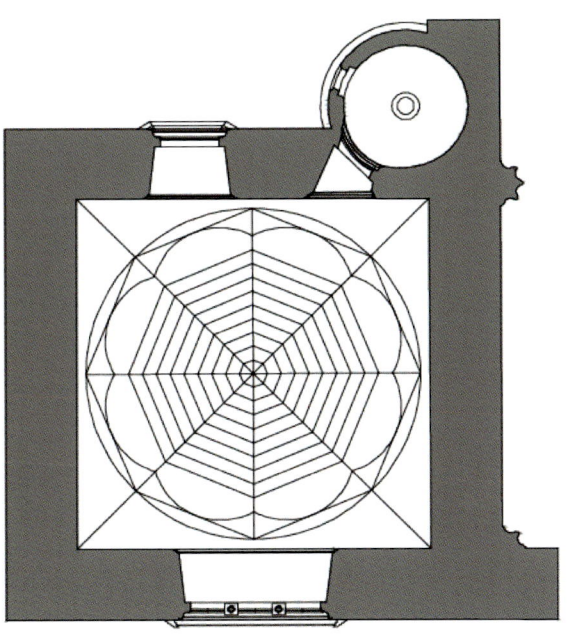

Arriba, derecha, detalle de la hermosa bóveda aristada. Su clave es un claro ejemplo de esta técnica, pues se trata de un único sillar aristado que aparenta tener juntas. A la izquierda, con flechas, señalo cada uno de los 4 sillares aristados que conforman la última hilada de la bóveda, antes de su cierre con la clave; y en la penúltima hay ocho. **Abajo,** planta cenital con el esquema compositivo y líneas generales de aristas de la bóveda gallonada. El número «sagrado» 8 se repite con insistencia en la Lonja: 8 son los nervios de la bóveda de la escalera; de la capilla; de la planta primera de la torre; y de la pequeña bóveda de la escalera de bajada al actual semisótano; estas dos últimas, gallonadas. En el Salón Columnario: 8 son los lados de la basa de las columnas y 8 sus baquetones; como octogonal fue la desaparecida fuente del *Huerto de los Naranjos* (obra del maestro Miquel Joan Porcar, 1533); y 8 es el número que rige en la actual fuente (obra del arquitecto Carlos Soler, 1958) en forma de estrella.

Arriba, izquierda, detalle de gallones cóncavos de la bóveda, aunque su originalidad no está tanto en su tipología como en su estereotomía, pues su labra aristada evita las juntas entre cada uno de los gallones, conformando nervios aristados que dan la sensación de falsas juntas.

Esta técnica, fue construida con suma destreza por Francesc Baldomar, de quien Pere Compte aprende el noble oficio del arte de la piedra. Cuatro potentes y bellas pechinas, situadas en cada una de las esquinas de la torre, (una de ellas señalada en la fotografía), entregan los empujes de la bóveda a los muros de la torre.

A la derecha, detalle del maltrecho pavimento cerámico de Manises (siglo XV).

Abajo, detalle de la membrana de poliuretano, serigrafiada, que ha sido colocada para dejar constancia de la imagen original que tuvo el suelo. La fotografía muestra una «ventana arqueológica» que deja a la vista algunas de las escasas piezas originales que quedan.

Sábado, 10 de noviembre de 1492

Los libros de obra de la Lonja hacen referencia a unos trabajos que, relacionándolos con la entrada de materiales, dejan constancia de que la bóveda vaída de la planta segunda de la torre estaría en proceso de construcción. Por esas mismas fechas, debieron comenzar las obras del basamento de las columnas torsas del Salón Columnario.

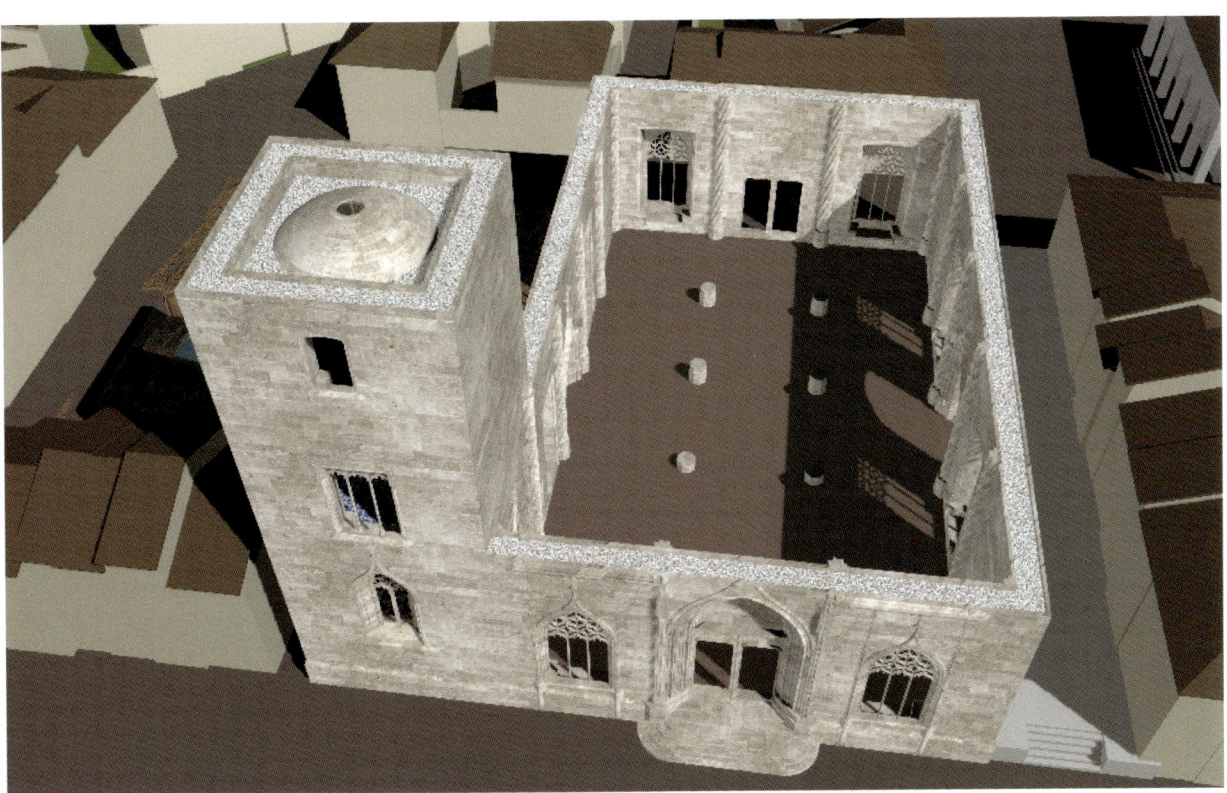

Hipótesis con la imagen de las obras de la Lonja en noviembre de 1492, (29 días después del descubrimiento de América). En el Salón Columnario deberían haberse iniciado las obras de construcción de las columnas. Los libros de obra hacen referencia a materiales y elementos auxiliares que tienen que ver con la ejecución de las columnas. Entre tanto, las semicolumnas y cuarto de columna, adosadas a muros y esquinas, respectivamente, alcanzaban casi la altura de su collarín (11,59 metros) y servirían de referencia para el replanteo de las ocho columnas exentas. En los muros, junto a algunas semicolumnas quedan restos de líneas, con pintura almagra, que relaciono con los referidos trabajos.

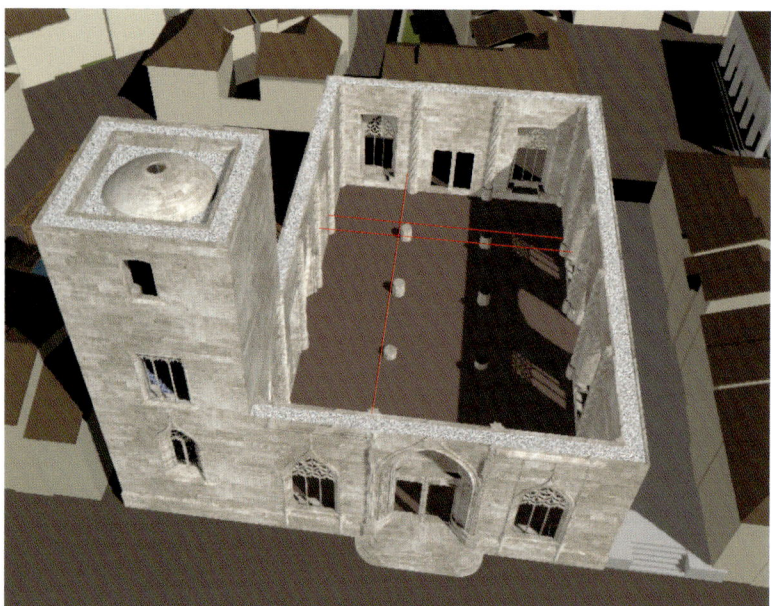

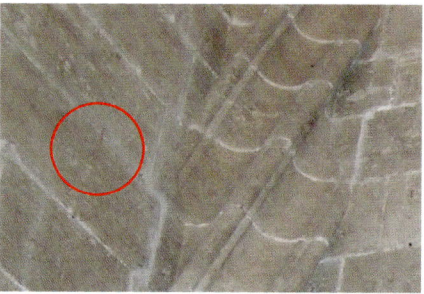

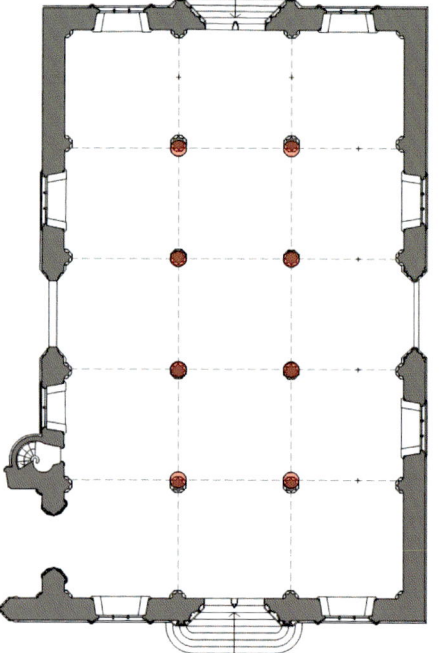

Arriba, izquierda, hipótesis de la colocación de las lienzas para el replanteo de las columnas centrales, partiendo de las semicolumnas construidas en los muros.

A la derecha, detalle de algunas líneas de pintura almagra que se encuentran repartidas por el Salón Columnario, situadas en varios niveles inferiores y superiores, que podrían haber servido para el replanteo de las columnas exentas. Trazadas en los paramentos del cerramiento del salón, su alineación determina la situación, bastante precisa, de cada una de las columnas centrales; hecho que pude comprobar durante el proceso de restauración.

Abajo, plano de planta del salón con los errores de replanteo de las columnas respecto a una división geométrica, exacta, representada con círculos en rojo. Teniendo en cuenta que el módulo entre ejes de columnas es de 7,16 m. Se pudo comprobar que el error máximo no supera 2 cm.

Durante el año 1496

La construcción de los fustes y collarines de las columnas torsas entiendo que debería estar terminada. Todos los indicios que muestran los libros de obra me conducen a suponer que el Salón Columnario debía encontrarse a punto para iniciar la construcción de su estructura abovedada.

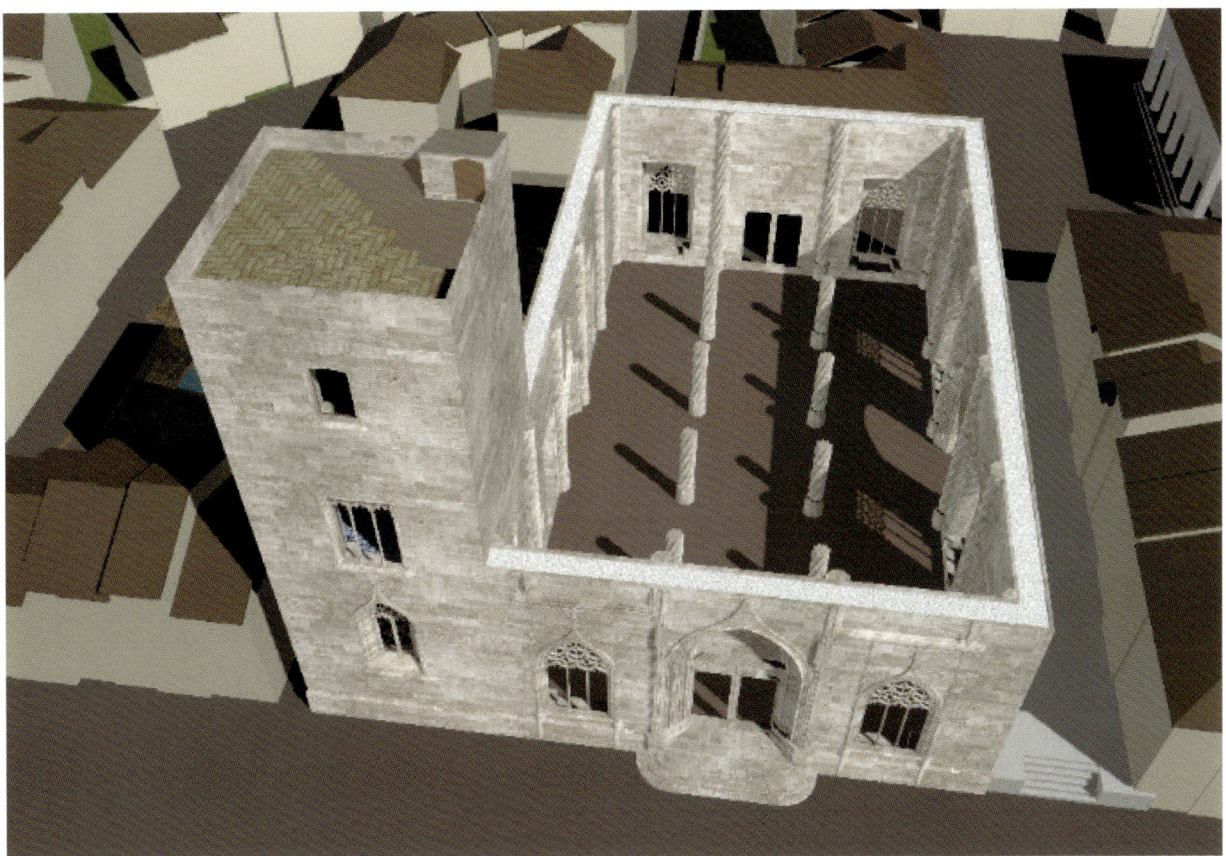

Por esas fechas se preparan los trabajos para la construcción de las bóvedas del Salón Columnario, pues aparecen referencias a carpinteros (maestros *d'aixa*) para el armado de cimbras. El 4 de octubre de 1494, las columnas siguen su proceso de construcción, proceso que se dilataría hasta el primer semestre del año 1496.

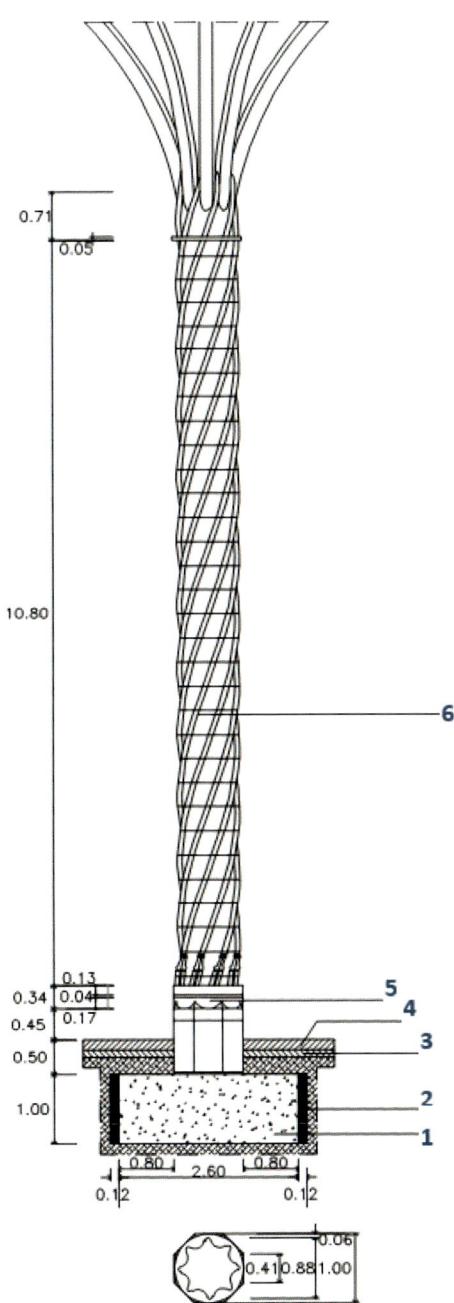

Características de las columnas torsas exentas

El maestro Pere Compte construye ocho columnas exentas, con función resistente; 12 semicolumnas labradas en el aplacado de los muros *a sacco* y 1/4 de columna en cada esquina del salón. En consecuencia, las columnas adosadas a los muros no tienen función resistente; por lo que no influyen en el comportamiento estructural del conjunto.

1. Relleno de la cimentación con piedras, árido rodado y cal.

2. Muro de ladrillo para confinar la zapata de cimentación.

3. Nivel del pavimento original del Salón Columnario.

4. Pavimento actual.

5. Basa octogonal de la columna. Sillería de piedra caliza.

6. Fuste de la columna, a base de superponer tambores con 8 baquetones.

Años 1496 a 1497

El estudio de diversas reseñas en los libros de obra, relacionadas con el cubrimiento del Salón Columnario, me permite estimar que, para el proceso de construcción de arcos, claves y bóvedas, debieron transcurrir cerca de dos años.

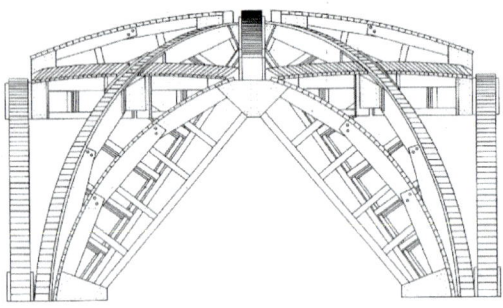

Arriba, proceso del cerramiento abovedado del salón, con el detalle del entramado de arcos que conforman los nervios de las bóvedas y la plementería de cierre preparada para recibir una capa de compresión de mortero de cal.

Abajo, dibujo con la hipótesis de una de las cimbras que debieron emplearse en la Lonja para sostener los arcos de crucería de cada bóveda, durante su proceso de construcción. **Fuente:** propia.

7 de febrero de 1498

Concluida la construcción de las bóvedas, se procedió a realizar la capa de compresión o trasdosado que, al quedar aparente, se ha podido comprobar su naturaleza. Se trata de una argamasa de hidróxido de cal con árido rodado, de tamaño variable. En una de las visitas a la obra, con el fin de analizar dicho mortero, pude comprobar que algunas piedras alcanzan entre 20 y 30 mm de diámetro, tamaño que suele ser habitual en los actuales hormigones estructurales, sobre todo en las cimentaciones.

A la izquierda, hipótesis del estado de la Lonja a principio de 1498. A la derecha, vista del interior de la cubierta del salón, con el trasdosado de mortero de cal de las bóvedas. En la parte superior de cada bóveda, marcado con una flecha, emerge el sillar de su clave principal. El trasdosado con mortero de cal supone, en parte, la transformación de una bóveda nervada en cúpula, ya que los arcos y plementería se convierten en una especie de cimbrado a fondo perdido, aunque colaborando estructuralmente, dado el limitado espesor del referido trasdosado.

La armadura de la cubierta central con cerchas metálicas es una intervención impropia del siglo XIX, pues transformó, por primera vez en la historia, lo que fue una cubierta de cuatro faldones (a 4 aguas) en otra ensillada: los faldones pasarían de ser planos a cóncavos, debido a un cambio brusco de pendiente. En la transición del interior del salón a la cubierta, las bellas columnas torsas dejan paso a sencillos pilares de fábrica de ladrillo, al dejar de quedar aparentes. Al igual que los muros, la obra visible es rica en materiales, labra y mano de obra; que pasa a ser sencilla y económica, aunque sólida, al quedar oculta. Otro alarde de buen gobierno de Pere Compte sobre la economía de la obra... El dinero es público y, en consecuencia, sagrado, como lo es el propio recinto mercantil.

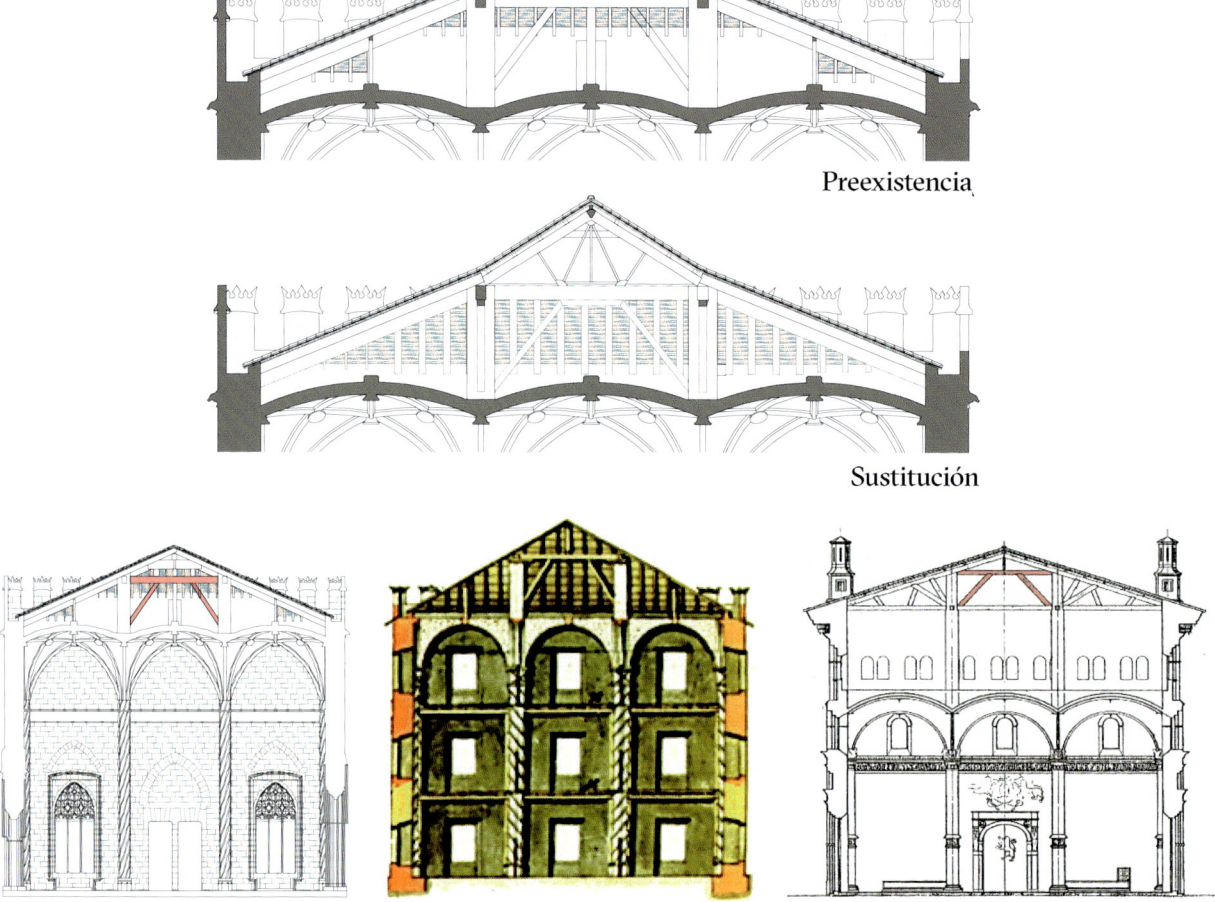

Preexistencia

Sustitución

Arriba, detalles de las cubiertas del salón, antes y después de su cambio tipológico. Abajo, izquierda y centro, secciones de la lonja de Valencia (M. Ramírez, 2006 y C. Desnaux, 1749, respectivamente); a la derecha, lonja de Zaragoza (sección extraída del PGOU, Ayuntamiento de Zaragoza). Entre ambas cubiertas existen coincidencias: la tipología del armazón central de madera (marcado en rojo) y la economía de la obra, al convertirse las ornamentales columnas de piedra en pilastras lisas de ladrillo, al quedar ocultas. Sin embargo, aunque las dimensiones y programa sea distinto, (la de Zaragoza no tiene torre), sus salones tienen el mismo lenguaje compositivo: 8 columnas exentas, 16 semiembebidas en los muros y 15 bóvedas, que vienen determinadas por sus 3 naves longitudinales y 5 transversales.

Arriba, aguada del estado de la cubierta en 1807, obra del arquitecto A. Rubio. **Fuente:** Archivo de la Real Academia de BB.AA. de San Carlos. Una de las aportaciones importantes de este arquitecto es que deja constancia de la cubierta del salón en dicha fecha, que coincide con la sección transversal trazada por el ingeniero militar Carlos Desnaux, perteneciente a su proyecto para convertir la Lonja en cuartel, en 1749. **Fuente:** Archivo militar de Simancas.

Ambas secciones son de gran valor documental, puesto que nos permite valorar no sólo la naturaleza del armazón de madera, sino el uso de almacenaje al que se destinaba; pues la falta de iluminación, escasa altura útil y el trasdós de las bóvedas convertidas en un intransitable pavimento (véase la sección de A. Rubio), no dejan lugar a dudas sobre el referido uso secundario.

Al respecto, Desnaux propone rellenar y nivelar el trasdós de las bóvedas del salón, para pavimentar la cubierta y hacerla más útil; pero su proyecto no prosperó, buena prueba de ello es que Rubio la documenta sin pavimento alguno 58 años después.

Final de 1498 a 1499

Las obras de construcción de la cubierta del Salón Columnario concluyeron con la colocación de los elementos de cobertura a base de teja árabe. La cubierta se hizo *a cuatro aguas* (cuatro planos de cubierta inclinados) que vierten las aguas a un deambulatorio perimetral que distribuye a cada una de las 15 gárgolas en las que desagua la cubierta.

A la izquierda, estado de las obras de construcción de la Lonja en 1499.

A la derecha, vista del deambulatorio perimetral que sirve para la inspección y mantenimiento de la cubierta y recogida de aguas, que distribuye hacia las 15 gárgolas del salón. La cubierta fue restaurada en la segunda fase de las obras de intervención de la Lonja. (Arquitectos directores: Javier Benlloch y Manuel Ramírez, 2006).

Año 1499 a 1500. Pintura de las bóvedas

El maestro Martí Girbes recibió el encargo del Consejo de la Ciudad de policromar el espacio abovedado del Salón Columnario con la imagen de un cielo nocturno. Según los libros de obra las bóvedas se pintaron en un año con los siguientes materiales, comprados a drogueros: rojo bermellón, verde, azul *lapislázuli* y pan de oro para la realización de las estrellas.

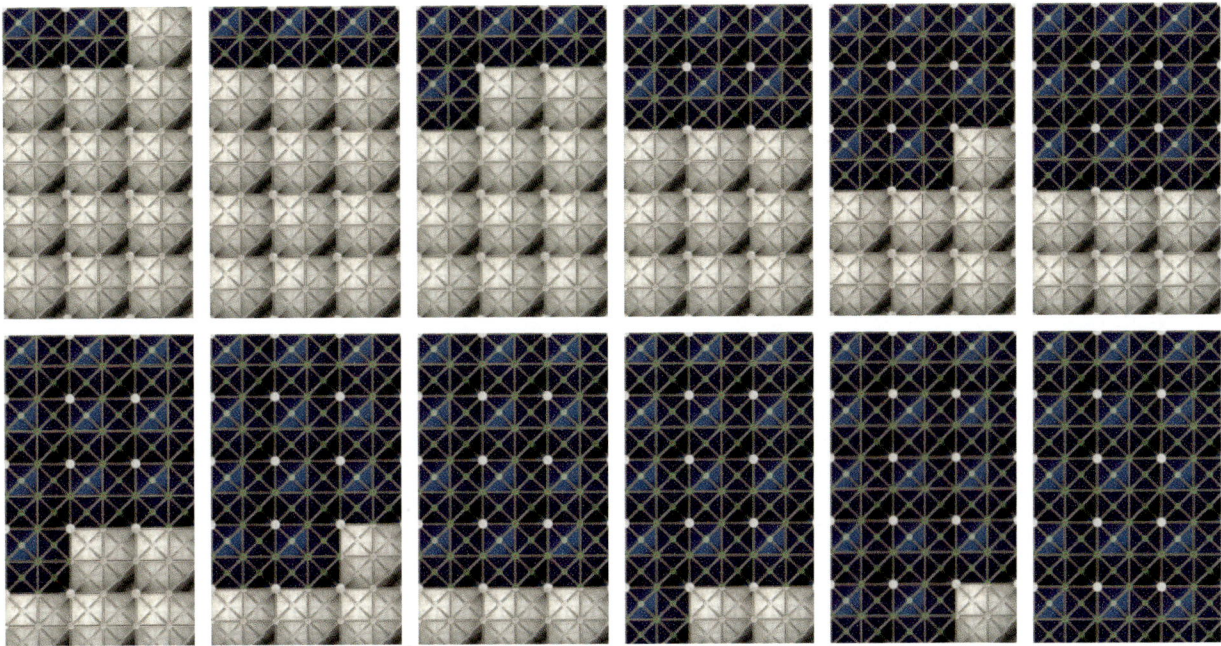

Detalle de la evolución de los trabajos de pintura de las bóvedas del salón, por cada mes trabajado. Arriba, hipótesis con el estado del primer semestre. Abajo, el segundo semestre con la finalización de las obras.

A la izquierda, hipótesis del estado de las bóvedas del salón, tras los trabajos del maestro Girbes, a partir de los libros de obra, la investigación realizada en mi tesis doctoral y las obras de restauración de las bóvedas que tuve el privilegio de dirigir. Por esas mismas fechas el pavimento del salón ya había sido colocado. El pavimento original se encuentra soterrado a 30 cm del actual, cuyo trazado y dibujo es idéntico al original, a excepción de las cortapisas de mármol rosáceo, que era de color morado, importado de Pisa.

En las fotografías de la derecha, unos cuadrados enmarcan sendas estrellas de 6 puntas que fijan en el suelo la posición de las claves centrales de cada bóveda.

CONSTRUCCIÓN DEL PRIMER TRAMO DE LA ESCALERA DE CARACOL

Julio de 1483

La planta baja de la torre debería estar en fase de construcción y el primer tramo de la escalera de caracol acabada; puesto que, desde el punto de vista constructivo, resulta lógico que se construyera al mismo ritmo que las plantas de la torre, ya que serviría de acceso al personal de la obra y materiales. Al igual que las columnas del salón, la escalera es torsa y su bóveda aristada con 8 nervios. El pasamano es idéntico a los nervios (baquetones) de las columnas, como lo es el sentido de su giro (el mismo que la Tierra). Estudiando ambos elementos constructivos, interpreto la intención de Pere Compte de relacionar la columna con la escalera.

Cada baquetón rodea a su columna en forma ascendente; como lo hace el baquetón-pasamano envolviendo al ojo de la escalera, convirtiéndolo en una columna virtual, «vacía». También la simple superposición de los peldaños, en su progresión ascendente, equivalen a los tambores de las columnas. Existe una analogía entre la escalera y la columna, al contener el mismo «discurso».

Inexplicablemente, la escalera de caracol —sin cambiar su tipología torsa— pasa de trazado circular a cuadrado, al llegar a la planta segunda de la torre y en el tramo que le conduce a la cubierta. Existe una hipótesis publicada por los investigadores F. Iborra y V. García (*La Lonja que no fue*. «Anales de Historia del Arte». 2012, Vol. 22), de que se proyectase construir una suerte de dependencias consulares sobre el salón que, al no llegar a hacerse, condicionó el remate de la escalera que dejaría de ser aparente para ocultarse en el interior de la torre. En el Volumen II de esta serie, veremos que este hecho ocasionó más de un problema constructivo y antiestético, impropio de un maestro de la talla de Pere Compte.

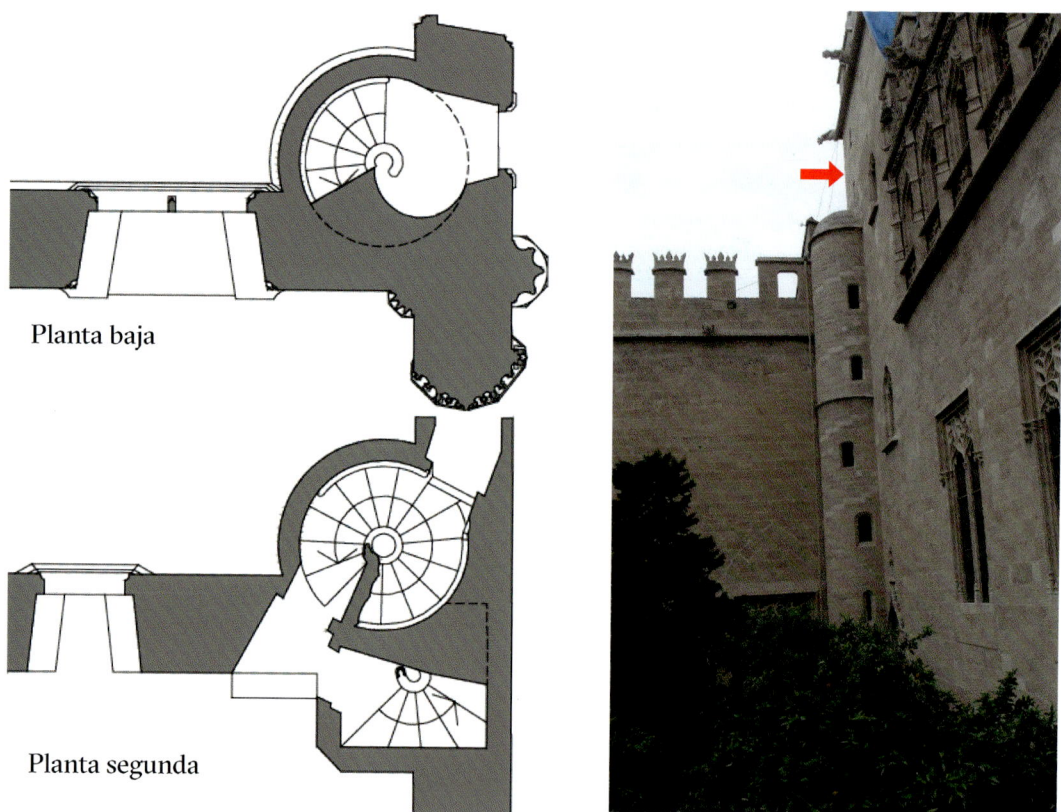

Planta baja

Planta segunda

A la izquierda, plantas de la escalera exterior y de traza circular hasta llegar a la planta segunda de la torre. A partir de ahí, pasa al interior y lo hace de forma tortuosa, cambiando de traza circular a cuadrada.

A la derecha, véase como la escalera de caracol de planta circular, deja de quedar aparente para adentrarse en la torre (marcada con una flecha).

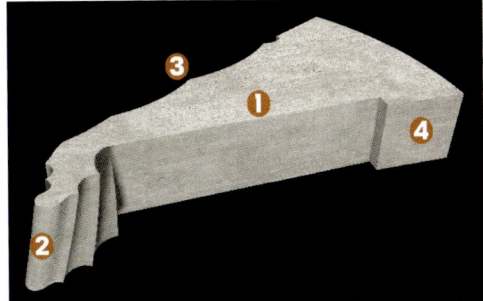

Detalles de la escalera de caracol de la Lonja.

Arriba, izquierda, los peldaños son polivalentes y multifuncionales:

1. Detalle del sillar que conforma un peldaño.
2. Pasamanos.
3. Bóveda aristada.
4. Sillar aplantillado, que sirve de apoyo y, simultáneamente, de cierre del muro curvo de cerramiento (véanse algunos de los sillares señalados con una flecha).

En el resto de las imágenes se puede comprobar como la simple superposición de peldaños y su apoyo en el muro (imagen del centro) construye la escalera.

TORRE

Miércoles, 15 de marzo de 1486

Debió terminar la construcción de la bóveda de planta baja y comienzo de su pintura. También en 1486, sin poder definir el día, se encarga al maestro Nofre Valls una puerta de madera para la capilla, uso para el que fue destinada la planta baja de la torre y dedicada a la Inmaculada Concepción. En esta etapa trabajó ahí el maestro Joan de Córdoba.

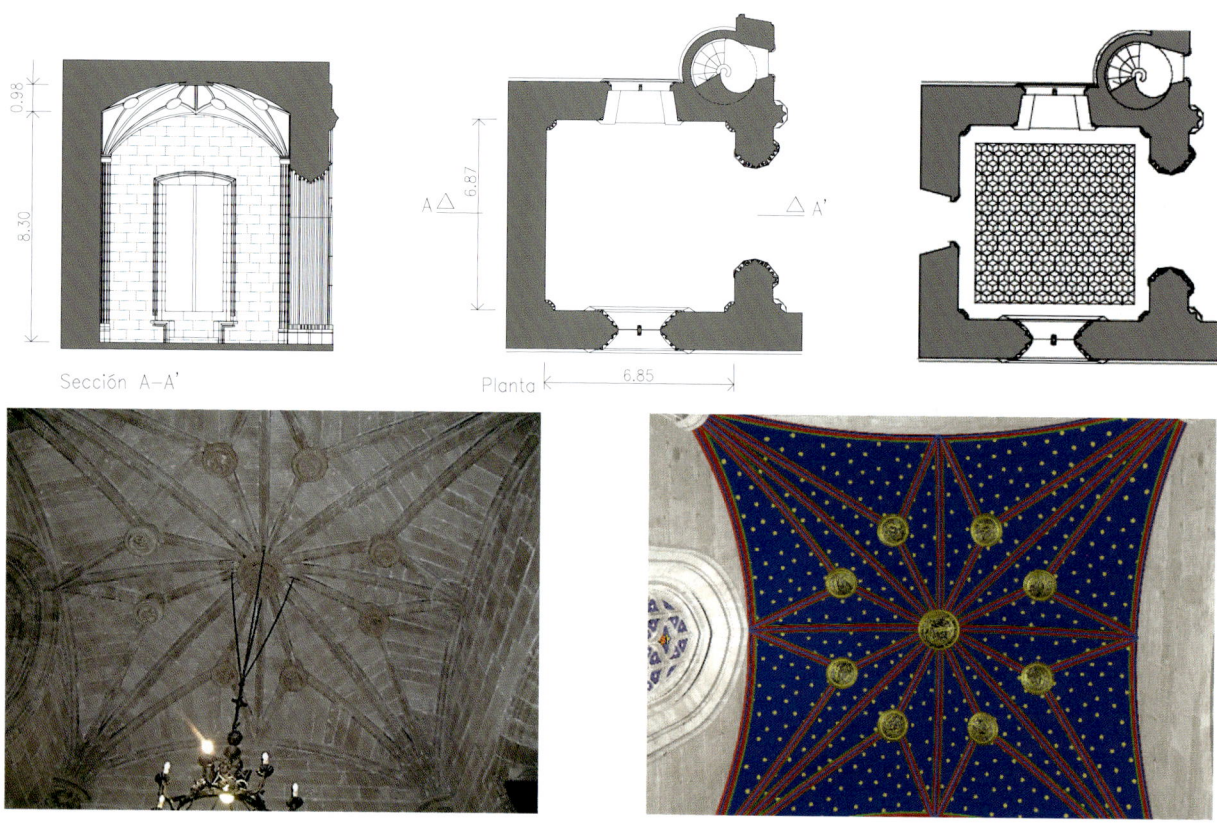

Arriba, izquierda, sección y planta baja de la torre, en su estado original. A la derecha, estado actual con la puerta de conexión del edificio consular. Dicha puerta fue construida en 1548 por el Maestro Miquel Joan Porcar, tras la conclusión de las obras del consulado. Abajo, izquierda, bóveda de terceletes de la capilla, formando una estrella de ocho puntas. A la derecha, imagen virtual de su estado original tras su policromado. Las 8 claves secundarias y la principal se recubrieron con pan de oro.

Año 1491

Las obras de la planta baja de la torre habrían concluido y la planta primera supuestamente con su construcción muy avanzada.

Plaza del Mercado

El hecho de que por esas fechas se estuvieran preparando los trabajos para la construcción de la bóveda, hace suponer que tanto la estructura mural, como la puerta y ventanas, estarían a punto de concluir.

Sábado, 10 de noviembre de 1492

Los libros de obra dejan constancia de trabajos que los relaciono con las obras de construcción de la bóveda vaída de la planta segunda de la torre.

A la izquierda, imagen virtual con el estado de las obras de la bóveda en dicha fecha. La construcción de la torre estaría casi a punto de concluir, cuando las obras del Salón Columnario apenas habrían alcanzado la mitad de su volumen; por lo que, para realizar una correcta trabazón entre los muros de la torre y los del salón, debieron dejarse enjarjes en los sillares del trasdós e intradós de la torre, para trabarlos con los del salón, progresivamente, conforme avanzaran las obras.

A la derecha, puede verse como los sillares del trasdós de los muros de la torre y del salón están convenientemente trabados, cosa que no sucede entre el edificio consular y la torre (marcado con una flecha), al no estar previsto construir dicho edificio junto a la lonja.

Arriba, a la izquierda, detalle cenital de la actual bóveda vaída, reconstruida en 1899 por el arquitecto Antonio Ferrer y el escultor José Aixa, durante las obras de coronación de la torre. La bóveda original fue sustituida por un forjado de revoltón, supuestamente en el siglo XVIII. **A la derecha,** detalle de la intersección de la bóveda con uno de los muros. **Abajo,** sección de R. M. Jiménez, 1876 que deja constancia del estado de la cubierta de la torre, a finales del siglo XIX. **Fuente:** Monumentos Arquitectónicos de España. Arte y Decoración en España.

Como ya indiqué, en la segunda planta de la torre está alojada la escalera de caracol de acceso a la cubierta y su construcción creó problemas constructivos y antiestéticos que serán desarrollados en el Volumen II de esta serie.

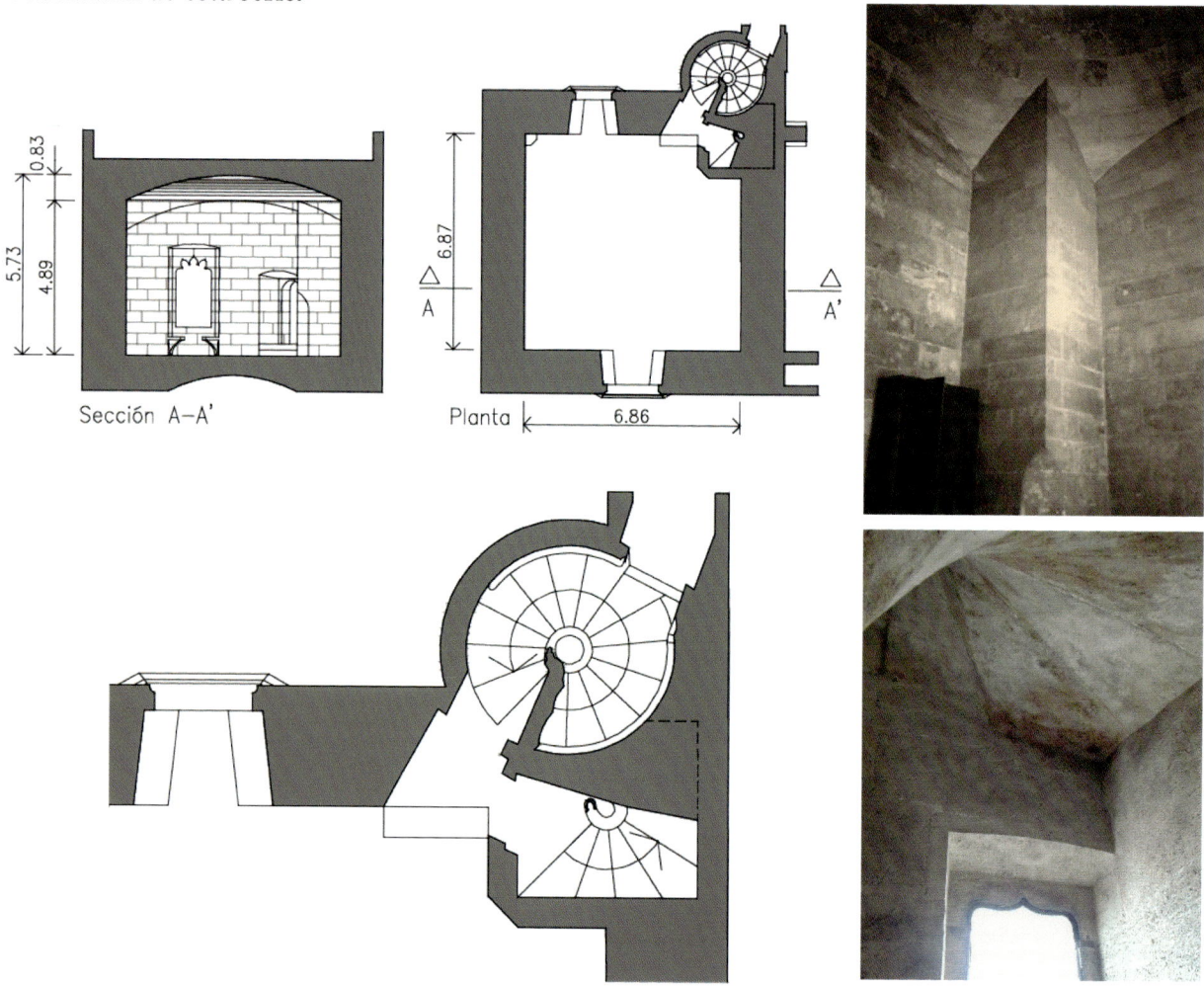

Arriba, a la izquierda, planos de sección y planta del segundo nivel de la torre, véase el problema que crea la escalera de caracol en la esquina sudeste de la torre, como consecuencia de su transición de planta circular a cuadrada. **A la derecha, arriba,** detalle de la esquina de la caja de escalera que invade y distorsiona la geometría regular de la torre. **Abajo,** planta con el detalle de la transición de las dos escaleras y vista parcial de la bóveda de la escalera de caracol de planta cuadrada.

La segunda planta de la torre sufriría otras mutilaciones, entre ellas, la eliminación de su bóveda original que fue sustituida por un forjado plano, en fecha indeterminada, aunque la supongo en el siglo XVIII. A la derecha, muestro una superposición del estado de la torre: en azul, hasta el año 1899. En color naranja, estado en el que se encuentra hoy, tras una intervención de 1899/1900

Arriba, cubierta de la torre antes de la intervención de 1899. Originalmente, las almenas y gárgolas nunca existieron. La imagen de la torre aparentaba una construcción inacabada, tratándose de uno de los hechos más insólitos de la Lonja que, junto a la dudosa decisión del cambio tipológico de las escaleras, debe ser motivo de mayor estudio. La perfección, belleza y uso sagrado de la planta baja y la nobleza de la primera, no se compadecen con la degradación de la planta segunda, si no es por la dificultad de acceso y el uso secundario al que fue destinada.

Fuente: fotografía perteneciente al fondo de la Biblioteca Valenciana.

Fotografía perteneciente a la Biblioteca Valenciana, que muestra el estado de las obras de coronación de la torre, en el año 1899. El escultor José Aixa se encontraba esculpiendo las gárgolas y el almenado aún no se había iniciado. Véase el entorno de la Lonja, como atraía y concentraba la actividad comercial en el centro de la ciudad, en el siglo XIX y hasta bien entrado el XX. En la actualidad, algunos días aún se puede pulsar ese ambiente en su entorno (aunque con menor concurrencia).

13 de mayo de 1497

Los Libros de Obra Nueva reflejan la entrada de una reducida cantidad de tejas en la Lonja. Tanto por la escasez del suministro, como por el hecho de que la cubierta del Salón Columnario no concluyera hasta dos años después, me hace suponer que debieron servir para la cubierta de la escalera de la torre, lo que resulta determinante para fijar la referida fecha como la de final de las obras de la torre; aunque, la forma en la que se acabó no estuvo a la altura de la calidad del salón y del resto de los espacios que serían construidos con posterioridad.

A la izquierda, imagen virtual de la torre a mediados de 1497. El antepecho de la cubierta, en su origen fue liso, sin remates de almenas ni gárgolas.

A la derecha, estado actual, fruto de la intervención de restauración «en estilo» del año 1899/1900 a cargo del arquitecto Antonio Ferrer y el escultor José Aixa. La diferencia de tonalidad de la piedra, indica claramente el volumen de la intervención.

CONSTRUCCIÓN DEL EDIFICIO CONSULAR Y HUERTO

Mayo de 1498

Mediante un privilegio concedido por el rey D. Pedro III, en el año 1283, se establece en Valencia el Tribunal del Consulado, que daría lugar a uno de los primeros Códigos del Mar que se conocen en el continente europeo. El hecho de que un edificio para dicho tribunal deba tener el decoro que requiere un reino tan pujante, inmerso en su Siglo de Oro y que por entonces se esté construyendo en Valencia uno de los edificios mercantiles más singulares de Europa, obliga al Consejo de la Ciudad a decidirse por construirlo junto a la Lonja, adosado a su torre. El edificio consular albergaría el Consulado de Comercio y el Consulado de Mar. Acabadas ya las obras de la torre y del Salón Columnario, dicha decisión provocaría que el nuevo edificio quedara sin trabar con el preexistente.

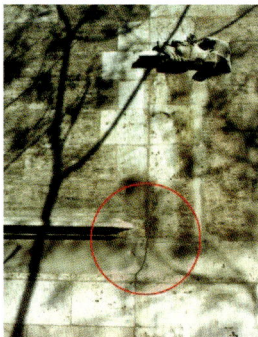

A la izquierda, sombreado a la izquierda, espacio que ocupa el edificio consular. A la derecha, fotografías con el detalle de la junta, sin solución de continuidad, que delimita el consulado y la torre. En ambas, se destacan dos evidencias: la moldura que, saliendo de la boca del dragón, forma inglete y gira hacia la fachada norte de la torre y la escocia del alambor de arranque del muro. Ambos detalles dejan constancia de que el muro norte de la torre se encontraba acabado antes de que se iniciaran las obras del nuevo edificio. Este es otro de los enigmas de la Lonja, junto al de la escalera de caracol, ya analizado. Al respecto, algunos investigadores, entre ellos, los que ya fueron objeto de cita al tratar de la escalera (Federico Iborra y Vicente García), plantean la hipótesis de que la construcción del edificio consular se hiciera sobre el salón de la Lonja, como ocurre en otros modelos del área mediterránea, (v. gr.: Lonja de Zaragoza, pág. 50 o la precedente logia *Orsanmichele* de Florencia, siglo XIV).

Sábado, 12 de mayo de 1498

En dicha fecha llega a la obra una partida de medios auxiliares y *obrers de villa* (albañiles) relacionados con trabajos de demolición; lo que hace suponer que se destinarían al derribo de las casas frente a la actual plaza del Mercado, desde la torre hasta la actual calle Cordellats, que sería el espacio que ocuparía el edificio consular.

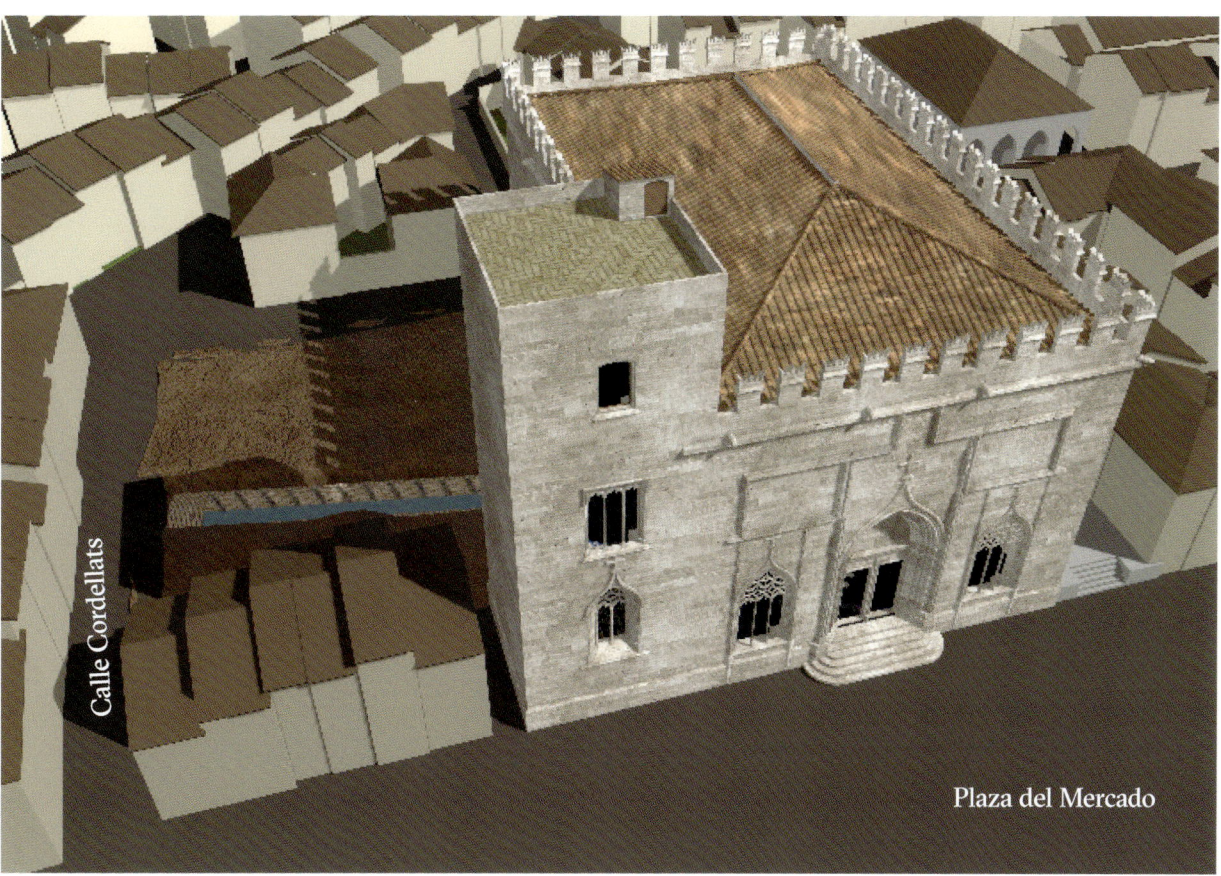

Calle Cordellats

Plaza del Mercado

La mayor parte del caserío medieval del entorno de la Lonja, salvo algunas casas palaciegas pertenecientes a prohombres y mercaderes de la ciudad, eran casas de artesanos, cuya tipología era de 3 plantas, con fachada angosta. La planta baja se destinaba al taller del obrador y en las plantas altas, la vivienda familiar.

Año 1498

Tras la demolición de las casas, dieron comienzo las obras de construcción del edificio consular. Como ya indiqué, aunque desde un principio no estaba previsto construir este edificio en la Lonja, Pere Compte debió desistir de hacerlo sobre el Salón Columnario, al considerar la gran remoción de tierras que afectaban al terreno de cimentación y su limitada resistencia. Durante las obras de intervención que llevamos a cabo en la Lonja, se hizo un completo estudio geofísico del terreno, mediante georradar y microgravimetría, que vinieron a determinar la gran irregularidad del terreno; unido a supuestos problemas de filtraciones y contaminación de aguas residuales de la bifurcación del río Turia (convertido por entonces en colector general).

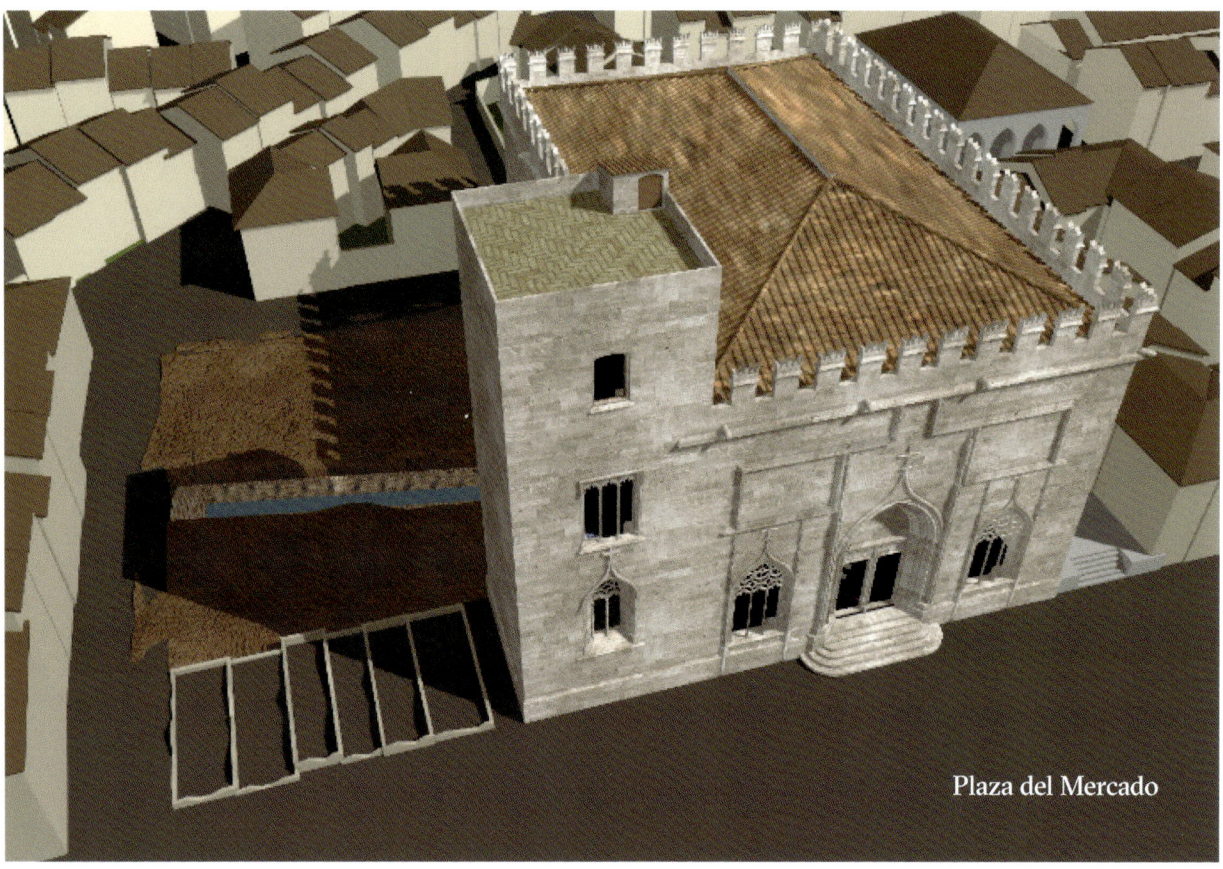

Plaza del Mercado

18 de agosto de 1498

Tras la demolición de las casas, comenzaron las obras de movimiento de tierras y replanteo de la cimentación de muros y columnas del semisótano. En realidad, se trata del nivel de planta baja puesto que, en el siglo XV, la actual plaza del Mercado tenía ese mismo nivel. (Ver el Volumen II de esta serie).

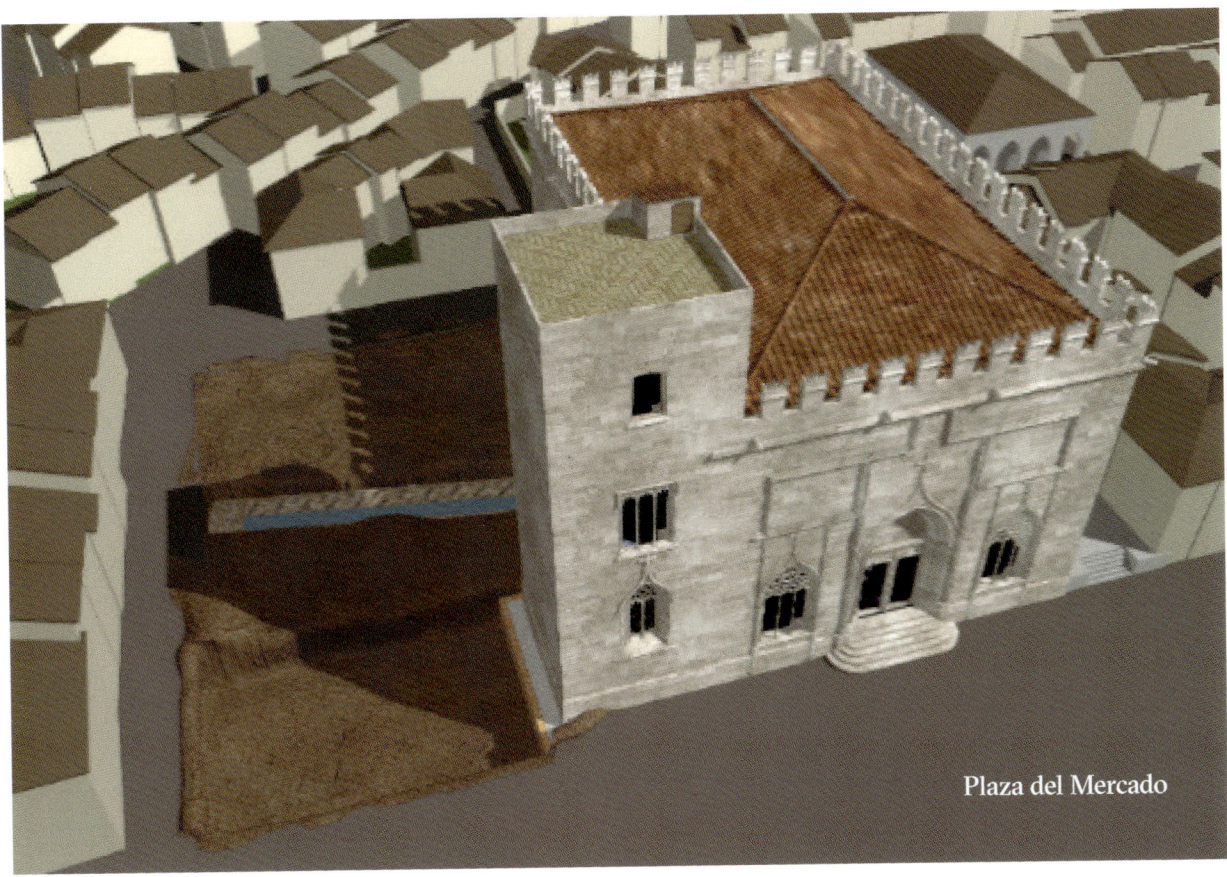

Plaza del Mercado

Sábado 22 de diciembre de 1498

Comienza a construirse la cimentación de muros y pilares del edificio consular, con la misma técnica constructiva y características de los materiales utilizados en la Lonja.

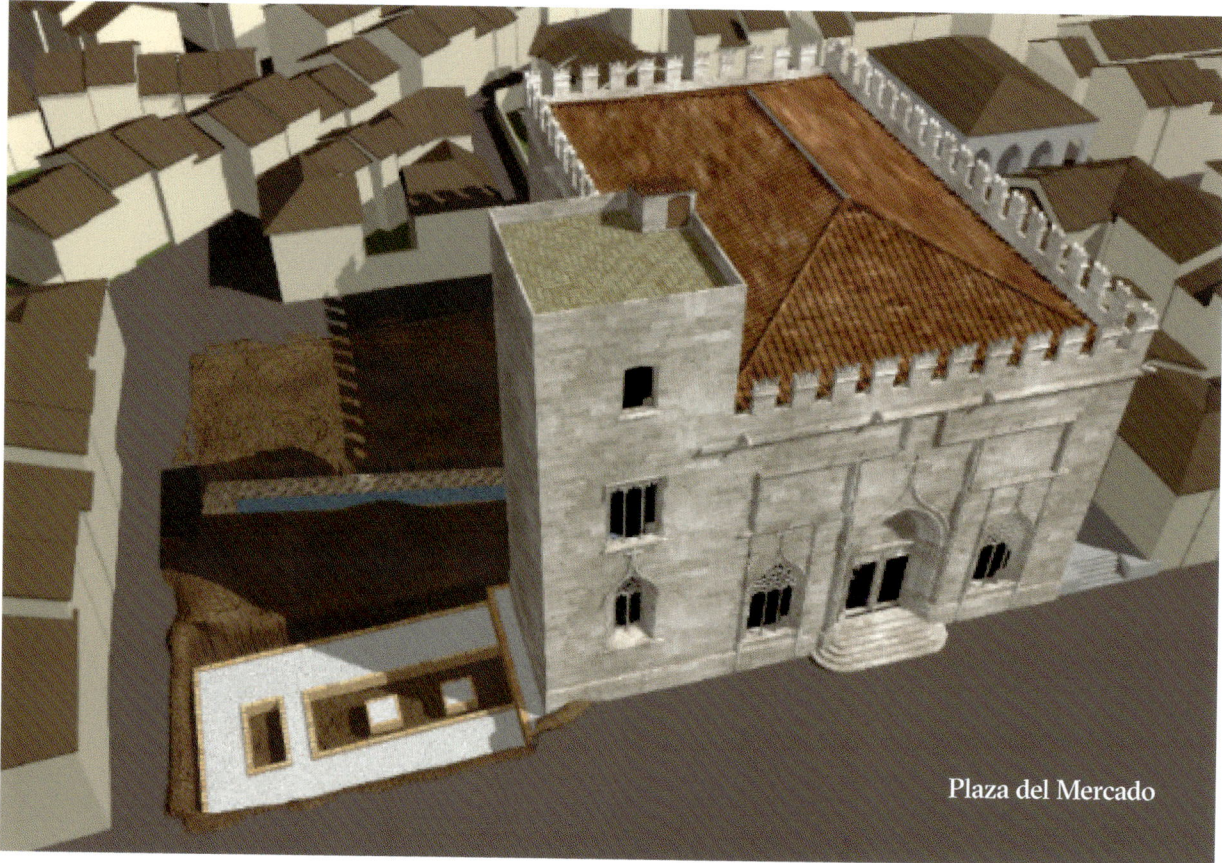

Plaza del Mercado

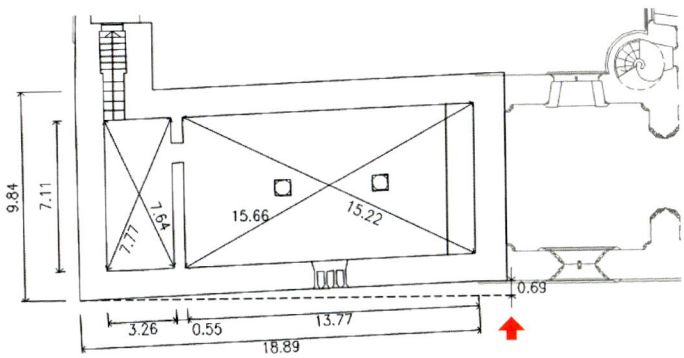

Arriba, actual planta semisótano del edificio consular, estado en el que se encontraba en el siglo XVI, con sus dimensiones aproximadas. Recién construido, tenía unas aspilleras de ventilación, recayentes a la plaza del Mercado; dicho vano, pronto sería transformado en puerta de acceso. Hoy es una ventana (fotografía de la derecha), debido al crecimiento de la cota de la plaza del Mercado.

Según los libros de obra, este espacio fue el almacén de la Lonja. Las falsas escuadras del edificio las heredó de las construcciones preexistentes, pues las alineaciones debieron respetarse.

Las normas urbanísticas de la Valencia del siglo XVI se cumplieron, con independencia de la relevancia del edificio. Las ordenanzas y el interés general de lo público, ya primaba sobre lo privado. De hecho, la alineación de fachada del edificio consular se desvía 69 cm respecto de la alineación de la torre y del Salón Columnario, (marco con una flecha, la línea de inflexión).

Año 1500 a 1501

Los muros, las dos columnas y parte de las primeras bóvedas de arista, construidas con hojas de ladrillo, habrían concluido. De nuevo, la técnica constructiva de los muros de cerramiento fue la misma que la empleada en la construcción del salón y torre.

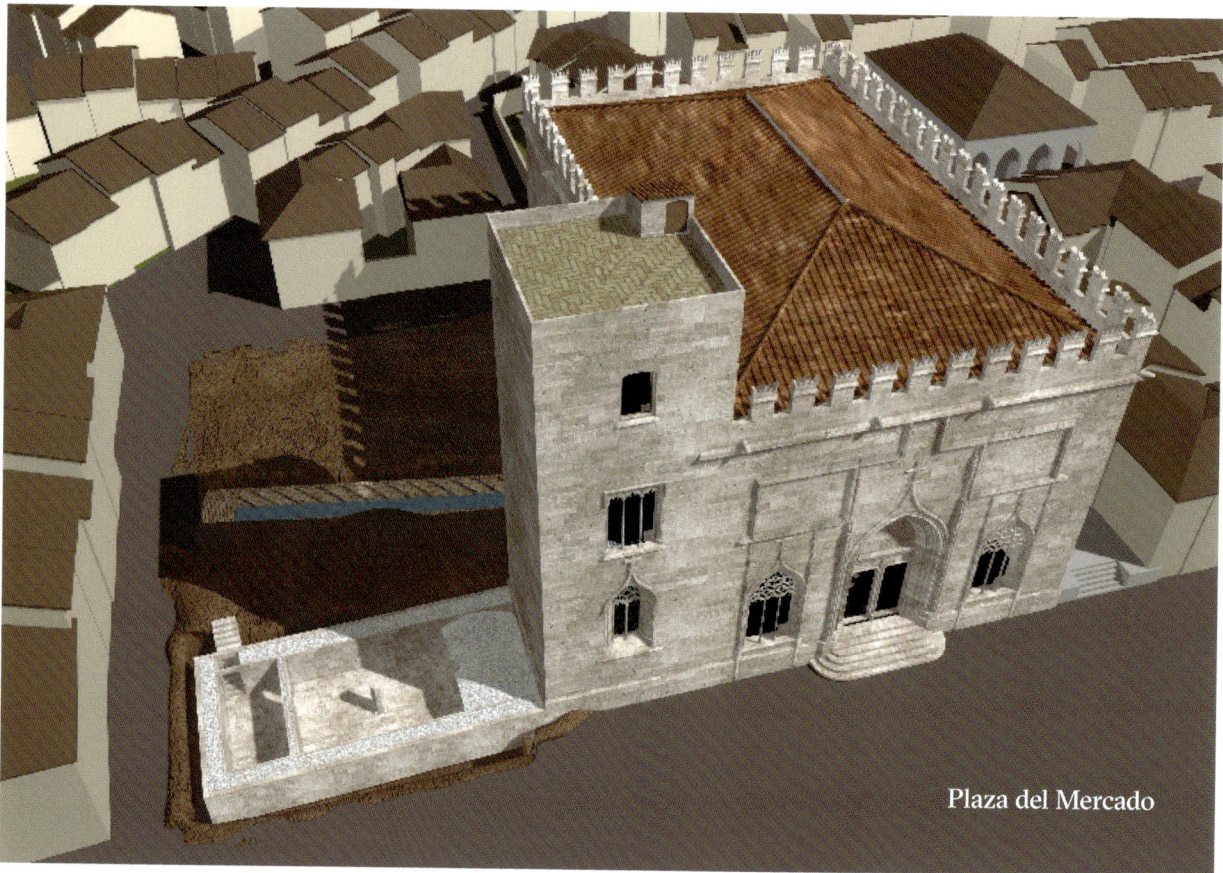

Plaza del Mercado

Estado de la obra por esas fechas. A las obras del huerto le quedarían algo más de 17 años para su comienzo. El huerto fue el último espacio que se construyó en la Lonja, a pesar de formar parte de su programa; pero resulta lógico, ya que debió servir como espacio auxiliar para canteros, albañiles y acopio de materiales de las obras.

Arriba, izquierda, detalle de las bóvedas «por arista» originales, de traza muy rebajada, y una bancada construida el 23 de enero de 1517. Las bóvedas se realizaron entabacadas con ladrillo macizo y un relleno de mortero de cal por el trasdós.

La nave izquierda tuvo un fallo estructural en 1903 y hubo de reforzarse. A mi modo de ver, dicha obra se hizo con muy malas artes; pues en lugar de apostar por una reconstrucción, se colocó una prótesis con rosca de ladrillo en las aristas, que ocasionó una relevante distorsión espacial.

Arriba, derecha, la falta de traba y diferente pátina de los sillares, dejan constancia de la existencia de la puerta de acceso a la planta baja del edificio consular. Hoy, con la superposición de diferentes estratos culturales, propios del crecimiento de las ciudades, la planta baja quedó casi soterrada y convertida en semisótano.

Abajo, derecha, vista de una de las columnas ochavadas; y detalle de la basa, en donde puede apreciarse la transición de planta cuadrada a octogonal, mediante un excelente artificio geométrico... Nuevamente, el número 8 está presente en los espacios de la Lonja.

Año 1501 a 1502

Concluidas las bóvedas del semisótano, se inicia la construcción de los muros de cerramiento de planta baja del consulado. Como vimos, el edificio consular quedaría adosado a la torre, sin posibilidad de traba entre sus muros, quedando así literalmente pegado a la torre.

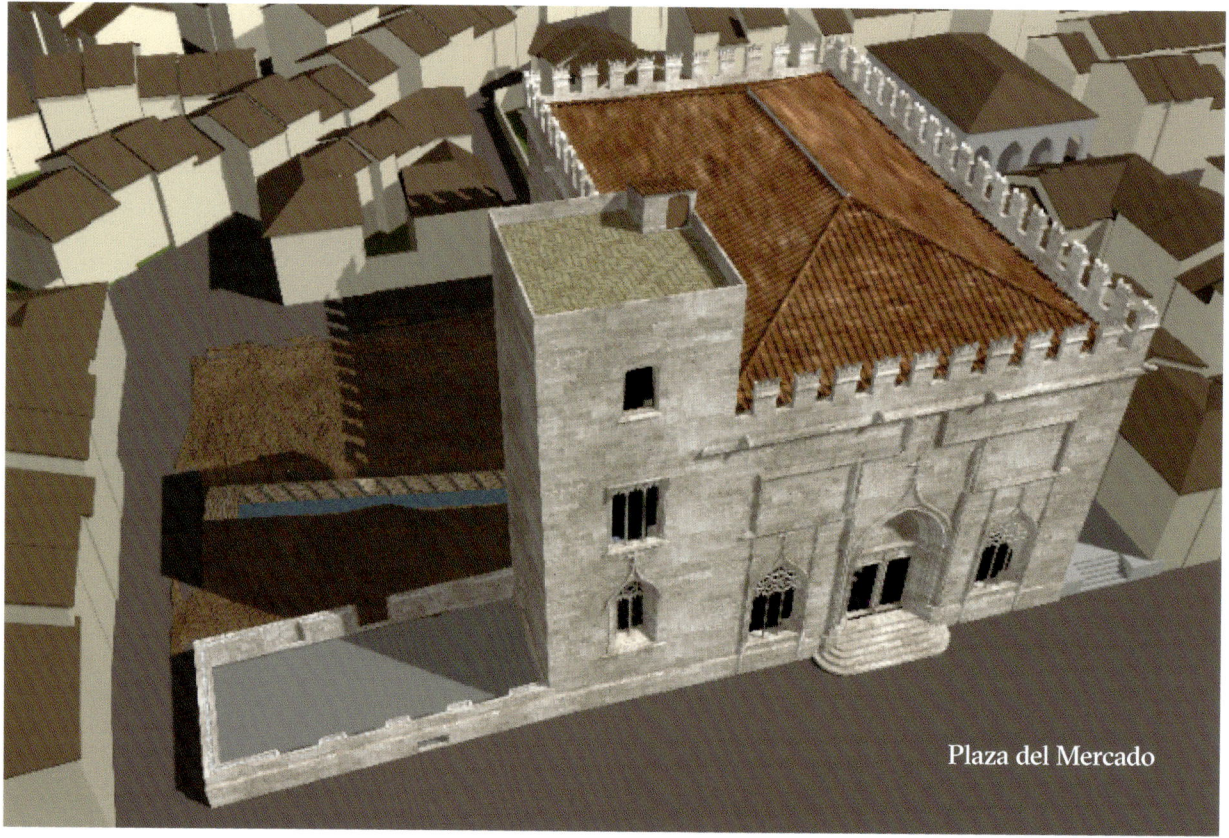

Plaza del Mercado

Detalle del estado de las obras de la planta baja del edificio consular, que sería destinada a Consulado de Comercio. Por primera vez, Pere Compte construye los muros de cerramiento macizos («diatónicos»), con sillares de piedra caliza de la misma naturaleza que el resto de la Lonja y con un espesor en torno a 0,50 m; frente a los 1,40 m de la torre. Estas circunstancias, debieron exigir algún tipo de trabazón, que propongo en la página siguiente, pues el hecho es que no se detectan grietas o fisuras que indiquen el menor movimiento diferencial entre ambas obras de fábrica.

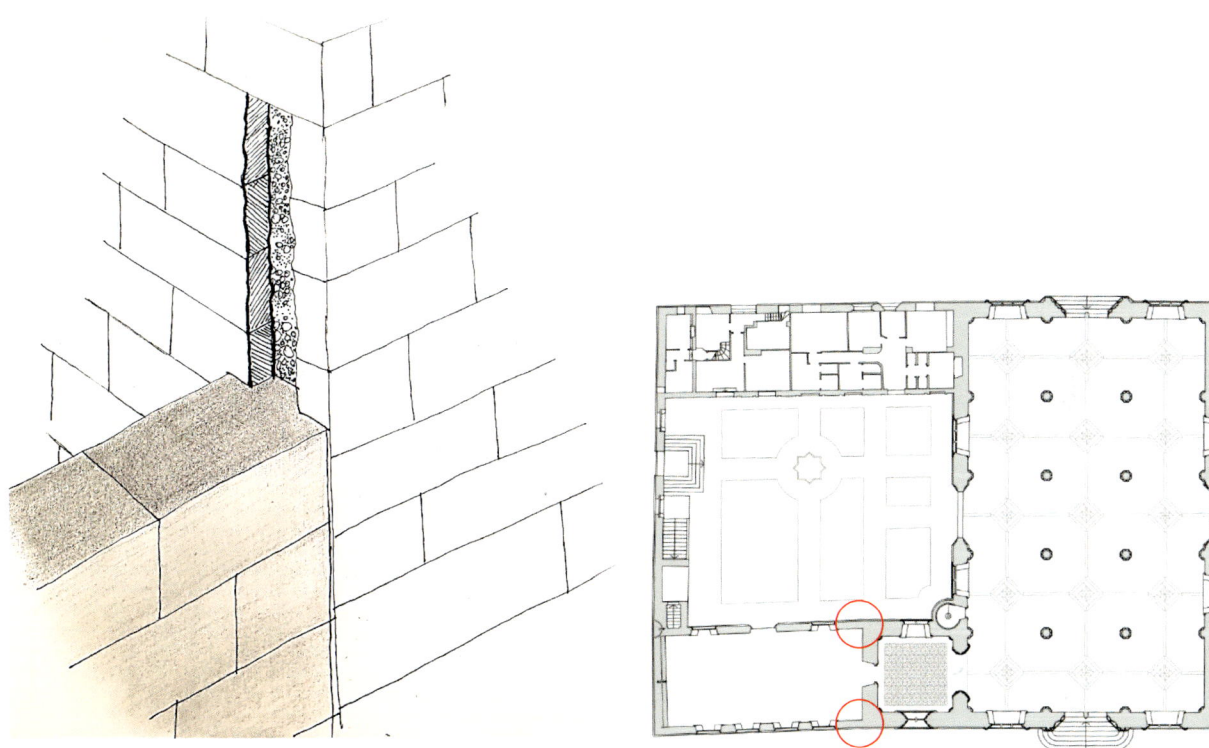

A la izquierda, dibujo con la hipótesis constructiva de la trabazón entre el muro *a sacco* de la torre y el diatónico del edificio consular.

A la derecha, plano de planta baja del conjunto de la Lonja, con la posición relativa de las juntas entre ambos muros. Supongo que los maestros de la Lonja harían previamente una roza sobre el muro de la torre, con el fin de que los sillares de piedra del consulado, dispuestos en aparejo isodomo, pudieran trabar con el de la torre haciéndoles algún tipo de enjarje. La lógica constructiva me hace suponer que la longitud de la referida roza debería afectar al número de hiladas del edificio consular que se pudieran hacer en una o dos jornadas, con el fin de no dejarla demasiado tiempo *a cielo abierto*. Sombreo el muro que se corresponde con el de cerramiento del edificio consular que, como ya indiqué, no quedaba alineado con la torre (ver página siguiente).

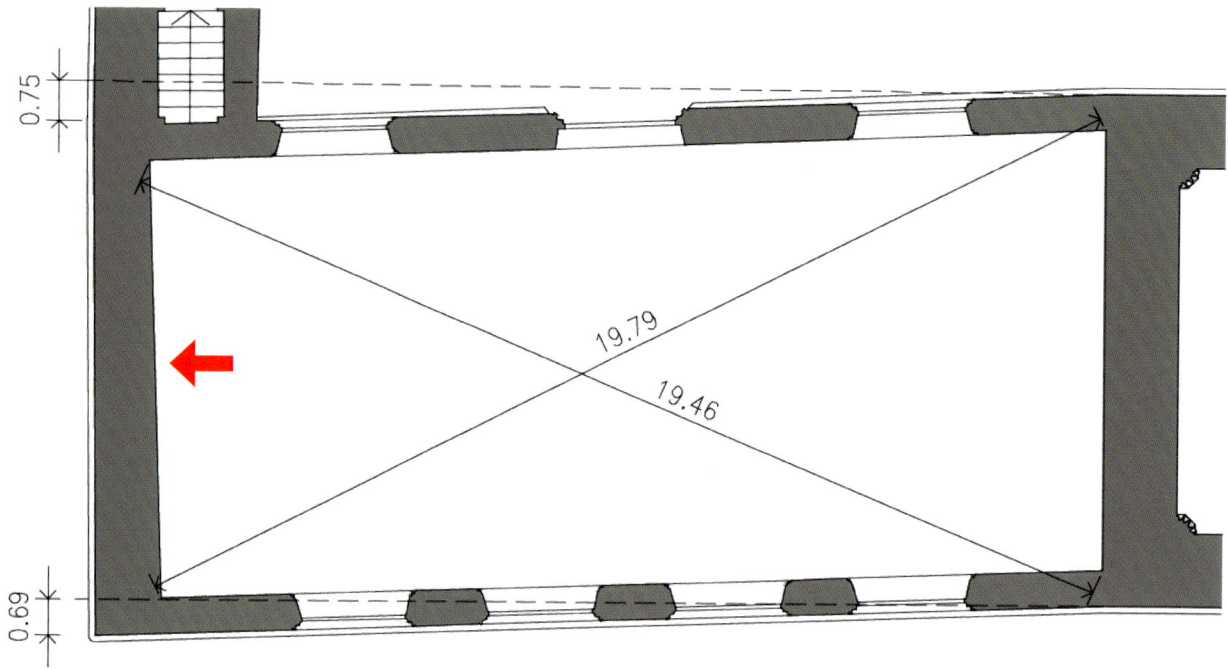

Plano de planta baja, destinada a Consulado de Comercio, cuyas cotas diagonales reflejan la falsa escuadra heredada de las preexistencias medievales, así como la susodicha desviación de 69 cm que sufre la línea de fachada en la actual plaza del Mercado. Pere Compte, cambió la técnica constructiva de los muros recayentes al huerto y plaza del Mercado, optando por construirlos «diatónicos». Sin embargo, para el muro señalado con una flecha, recayente a calle Cordellats, el maestro utiliza el artificio de hacerlos en «esviaje», con espesor variable, con el fin de formar escuadra, por el intradós, con los otros muros de cerramiento y regularizar, así, la fachada norte del edificio.

Por razones de economía, el muro de espesor variable lo construye con la misma técnica ya utilizada: «a sacco». La razón de ser de dicho esviaje se debió a la necesidad de corregir alguna de las falsas escuadras del edificio, que habría supuesto un problema para la regularidad geométrica —y estética— del futuro forjado artesonado. Sin embargo, no ocurre lo mismo con las falsas escuadras de la torre, cuyo muro ya se encontraba construido y acabado.

En todo caso, gran parte de esas irregularidades geométricas serían absorbidas por el referido artesonado y sus grandes y desproporcionadas molduras perimetrales que ocultaron algunos defectos de la geometría del nuevo edificio.

6 de marzo de 1503

Los muros de cerramiento de la planta baja del edificio consular debieron concluir, así como ventanas y puerta de acceso al huerto. Al respecto, en los libros de obra de 28 de enero de 1503, aparecen citas que hacen referencia a trabajos de carpintería, que por el estado de las obras es de suponer que ya se estaban preparando los cierres de ventanales y puerta y, sobre todo, la preparación para la construcción del forjado artesonado.

Plaza del Mercado

Abril de 1503

Debió comenzar la construcción del bellísimo artesonado de madera, cuyo lenguaje lo acerca al estilo mudéjar; compuesto por 13 gruesas vigas, forradas con tableros de madera ornamentados con molduras. Colosal obra de maestros tallistas del noble oficio de la *carpintería de lo blanco*. Como se verá, su trazado geométrico se compone de una combinación de artesas cuadradas y hexagonales repletas de fina ornamentación.

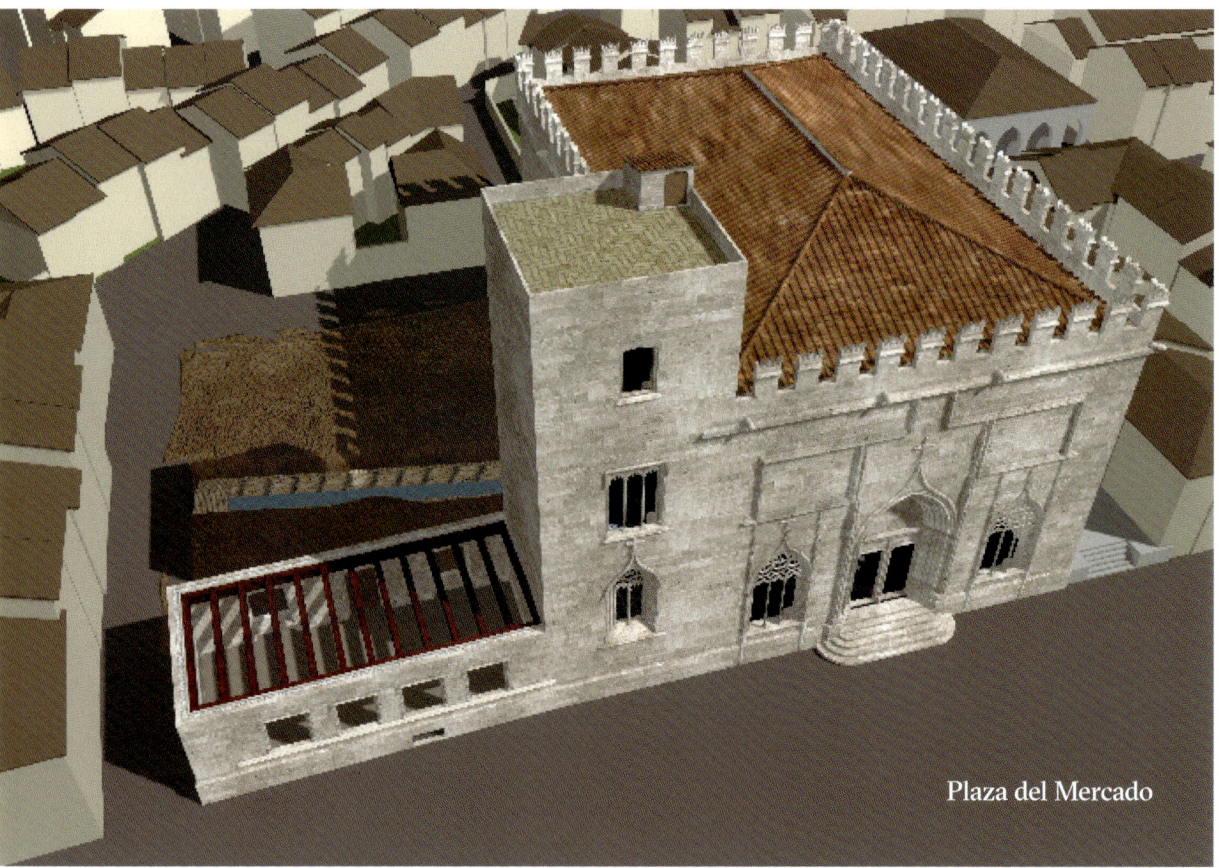

Plaza del Mercado

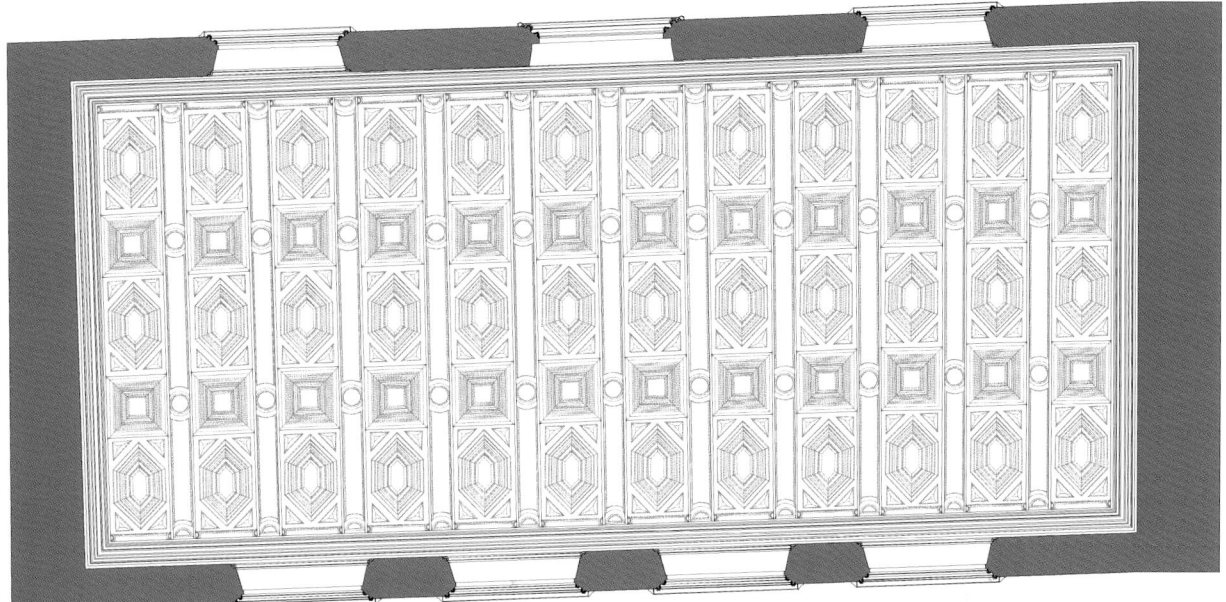

Planta cenital del artesonado. En los espacios del entrevigado se construyó un «encasetonado» ornamentado con una superposición de finas molduras, inscritas, cuadradas y hexagonales: «artesas». Perimetralmente una potente moldura, en ménsula, sirve de elemento de remate entre el encuentro del artesonado y el intradós de los muros, al tiempo que oculta vicios aparentes. Véase como la pericia de los maestros tallistas hicieron posible absorber la falsa escuadra del edificio, con la escuadrada torre, a base de ir girando ligeramente cada una de las vigas del artesonado. De hecho, resulta difícil averiguar a partir de que viga se comienza a ganar algún centímetro si no se hace una comprobación minuciosa o con aparatos de precisión.

Arriba, detalle de labra de una artesa hexagonal. Durante el proceso de decapado de pinturas impropias, aparecieron indicios de lo que pudo ser policromía original. Abajo, el artesonado tras su refuerzo y restauración.

Septiembre a diciembre de 1503

Comenzaron las obras de la extraordinaria escalinata del Huerto de los Naranjos para el acceso a la planta del Consulado de Mar. En los libros de obra hay indicios sobre la colocación del cimbrado para el apeo de su bóveda «por tranquil».

Arriba, izquierda, imagen virtual de la escalinata. Supongo que, por razones funcionales, sólo se habría construido la bóveda y peldaños, que servirían para facilitar el acceso a las obras del consulado. Las obras del huerto aún no se habían iniciado. Arriba, a la derecha, estado actual. **Fuente:** propia.

Abajo, izquierda, la escalinata en 1877. A la derecha, una intervención que data de 1923 en la que destaco los elementos que fueron transformados. En esa fecha, se demolía el espacio bajo la bóveda, que se utilizaba para servicios y restituyendo el acceso al semisótano. Por otra parte, la ventana derecha del consulado se convirtió en puerta.

Fuente: fotografías del archivo fotográfico de José Huguet.

Diciembre de 1503

El arranque de los muros de la planta primera del edificio consular se habría iniciado. El grueso de las obras de planta baja habría concluido salvo los trabajos de finos detalles y acabados escultóricos, que quedarían pendientes de la elevación de las plantas superiores.

Sin embargo, a través de los libros de obra detecto que se producen constantes retrasos en la construcción, pues los maestros de la Lonja deben atender otras obras de la ciudad. A todo ello, habría que sumar la falta de financiación para la construcción del edificio, agravada por la incipiente decadencia económica y política del Reino de Valencia a lo largo del siglo XVI.

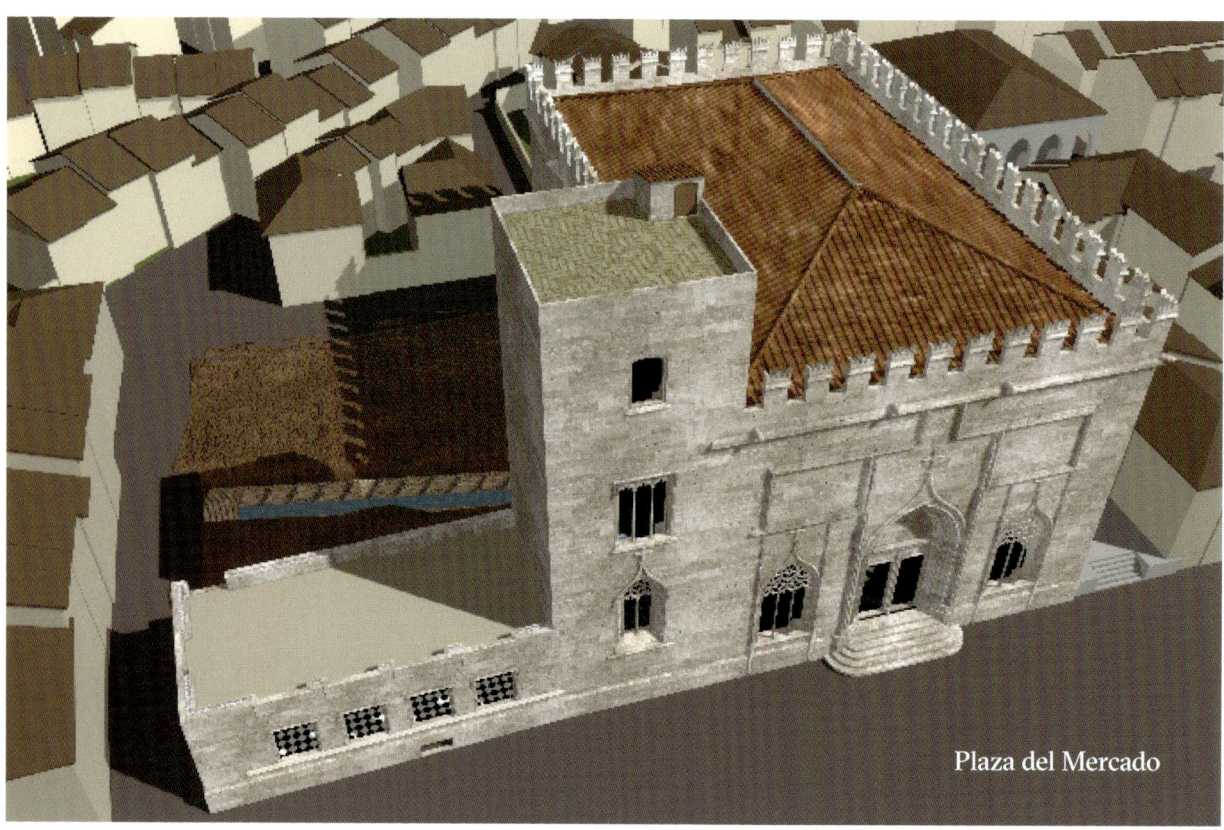

Plaza del Mercado

Las obras del edificio consular, a finales de 1503. Se recuerda que a partir de la planta baja los muros se construyeron diatónicos, (obra de sillería trabada en todo su espesor).

Sábado, 25 de julio de 1506

A la decadencia del siglo XVI se añadirá otra gran desgracia en las obras del conjunto monumental de la Lonja. Durante la construcción de la planta primera del Consulado de Mar muere su artífice, el maestro Pere Compte. Dos días después, sería nombrado su sucesor:

«Dilluns XXVII de juliol any 1506 entra en possesió de Mestre de la Lonja Mre. Johan Corbera per mort de Mre. Pere Compte».

(«Lunes XXVII de julio año 1506 entra en posesión de Maestro de la Lonja Maestro Johan Corbera, por muerte del Maestro Pere Compte».)

R.I.P.

†

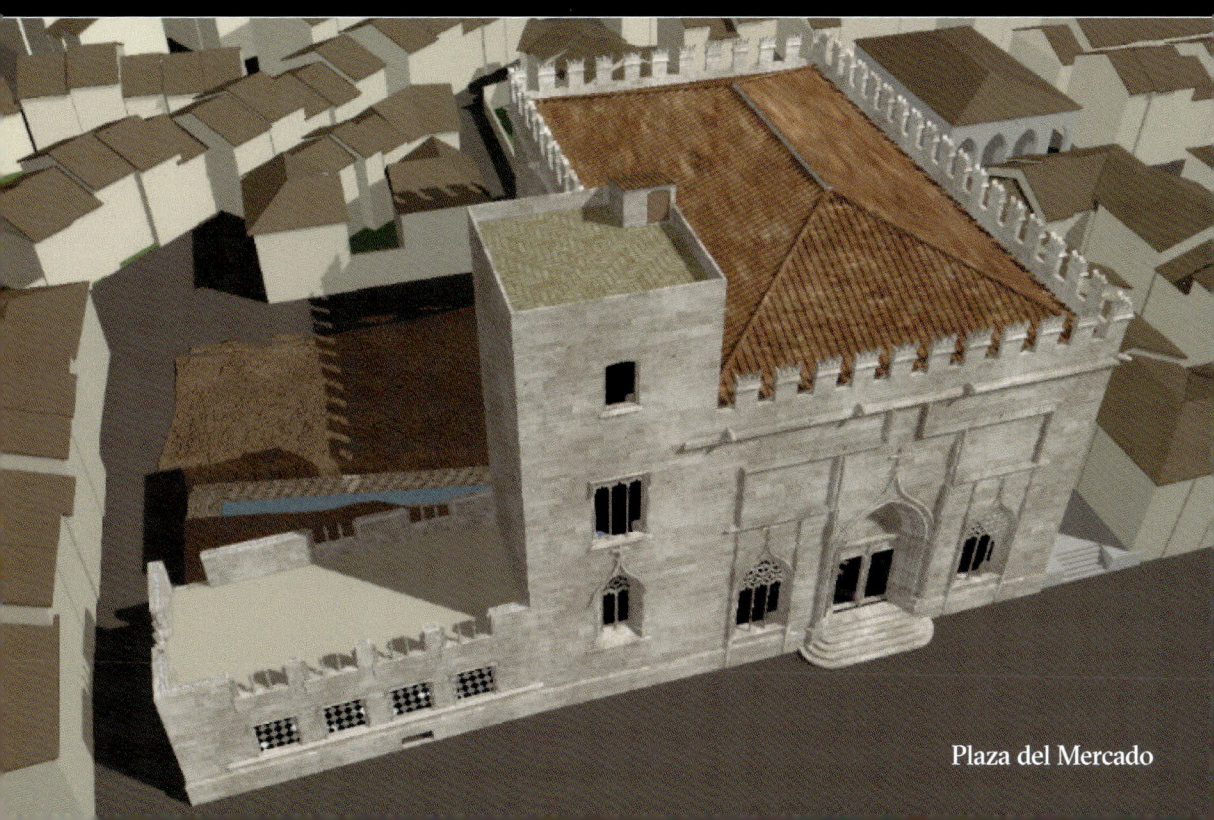

Plaza del Mercado

Con el nombramiento de Johan Corbera como maestro de las obras, se produciría un cambio de lenguaje arquitectónico... el renacimiento emerge en las obras del Consulado; aunque tan bien «trabado» con la obra de Compte, que queda totalmente integrado con el resto.

El colosal remate renacentista que corona el edificio consular se funde con el estilo tardo-gótico del resto del monumento con una maestría digna de la mejor arquitectura europea del momento.

Final de 1509

La construcción de los muros de la esbelta y única planta primera, correspondientes al Consulado de Mar, habrían concluido. El proyecto de Pere Compte debió contemplar una sola planta —y última— para la referida finalidad, (ver página 89); por lo tanto, la división en dos plantas, a través de un antiguo artesonado de madera, que fue sustituido por el actual alfarje, es falsa. En consecuencia, la lógica constructiva me hace suponer que si los muros de dicha planta se estaban rematando, el arranque de la logia renacentista estaría en fase de construcción y simultaneando los trabajos de cantería y escultura, pues se trata de una de las partes más ornamentadas del conjunto monumental.

Plaza del Mercado

3 de julio de 1510 a 29 de julio de 1512

Los acontecimientos de la obra y la especialidad de sus trabajadores me hacen suponer que la planta primera del edificio consular debía encontrarse con la logia construida, e iniciando los trabajos de escultura en el entorno superior de la logia.

Plaza del Mercado

Durante el año 1517

A partir del 23 de enero, la cubierta del consulado la supongo en proceso de construcción. Por las reseñas de los libros de obra, la primera solución constructiva fue abovedada, y teniendo en cuenta las características del remate de la logia y geometría de la planta debió tratarse de una bóveda esquifada, algo rebajada, con el fin de que desde el exterior quedara oculta y evitar restar protagonismo a la logia. Pero pronto sería sustituida por otra inclinada de teja, muy similar a la cubierta que hoy existe. El actual alfarje policromado se colocó en 1920 y procedía de la Sala Daurada de la antigua Casa de la Ciudad y vino a sustituir a otro entramado preexistente. El pavimento actual es una reconstrucción, obra de los arquitectos M. Ramírez Blanco y J. Benlloch Marco, 2004. (Ver Volumen II de esta serie).

Arriba, izquierda, aspecto del edificio consular por esas fechas. A la derecha, hipótesis del interior del salón de la primera planta del edificio consular, con la bóveda esquifada que le sirvió de primera cubierta.

Quedan vestigios de dicha cubierta abovedada, pues existe una ménsula perimetral moldurada que corona los muros y debió servir de apoyo a la bóveda. Durante el proceso de restauración, no sólo se pudo comprobar la existencia de esa moldura, sino restos de obra de fábrica de ladrillo, que pudieran pertenecer al arranque de la referida bóveda.

Noviembre de 1518

Comienzan las obras del Huerto de los Naranjos, con el movimiento de tierras y la construcción de sus muros de cerramiento por el sector de la escalinata. Las primeras reseñas históricas que pude obtener las encontré en la mejor fuente: Llibres d´ Obra de Llotja Nova. Al respecto, el 22 de noviembre de 1518, tras doce años de la muerte de Pere Compte, el Consell de la Ciutat ordena que se derriben los muros de cerca del jardín preexistente y se comiencen las operaciones de extendido y nivelación de tierras. Para este fin son requeridos determinados *manobres* (albañiles).

Hipótesis del estado de las obras a finales de 1518, cuando se compaginaba las obras del edificio consular con el inicio de las del huerto. Hay que tener presente que el programa de la Lonja no quedaría completo hasta la conclusión de estas obras, pues el edificio consular lo considero como un espacio complementario cuya construcción, en el lugar que hoy ocupa, no se decidió hasta bien iniciadas las obras de la Lonja y sin formar parte de su programa inicial.

Enero a mayo de 1519

Los trabajos en el huerto duraron un año y concluyeron con la construcción de una balsa de riego y la plantación de naranjos, algún limonero y mirtos.

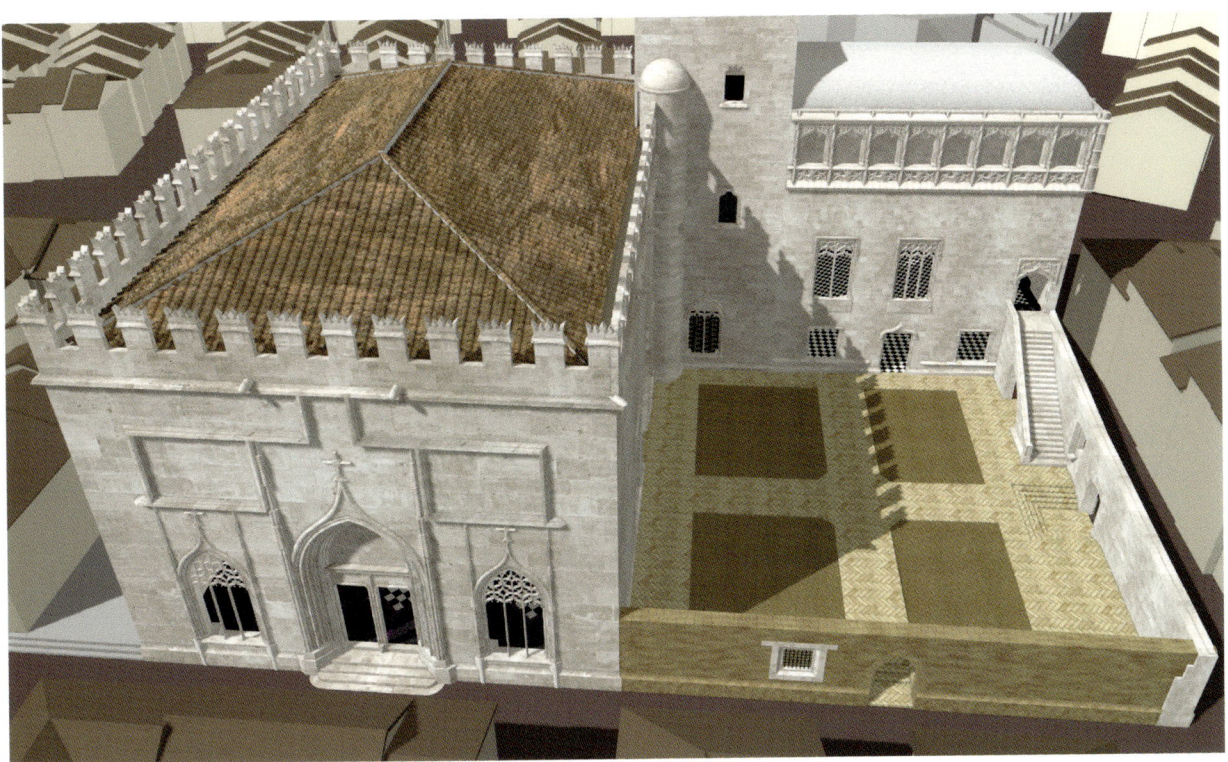

Tras los trabajos de abovedado del Valladar y extendido de tierras, se replantearía la traza del huerto cruciforme, con cuatro cuadrantes; dejándolo preparado para la construcción de una fuente en el centro y la plantación de las especies vegetales. Con la escalinata construida y la parte de su cerramiento, el muro de cerca norte continuó con la misma naturaleza pétrea. Sin embargo, el muro de cerca de la fachada este, actualmente de ladrillo, cabe suponer que el original fuese de la misma naturaleza pétrea que el muro norte, puesto que en la esquina nordeste la sillería deja enjarjes para continuar por el este. Pero esta circunstancia entra en colisión con el análisis arqueológico mural, que muestra restos de ladrillos del siglo XVI, para la construcción de un arco apuntado para la puerta de acceso al huerto. Anótese la circunstancia anómala del muro de ladrillo, rodeado de tanta piedra noble, como otro punto de «oscuridad» de la Lonja, que debería ser objeto de investigación.

A principio de 1519, la construcción de los muros de cerramiento estaría en estado muy avanzado, pues en mayo fueron almenados y con la plantación de arbolado y arbustos acabada; dejando una visión de huerto cruciforme, como los jardines cristianos medievales y su acceso orientado al este: «apuntando» hacia el nacimiento del sol y a Jerusalén. El huerto de la Lonja, confinado por sus muros, se acerca a los jardines y claustros de las catedrales medievales. La Lonja, como otra «catedral», de los mercaderes, tiene su mismo repertorio.

11 de mayo de 1525

Tras la angustiosa lentitud de los trabajos de construcción del edificio consular, debido a continuas interrupciones y al trasiego de operarios que no permanecen en la Lonja por mucho tiempo, los libros de obra aportan una información de relevancia, con la incorporación de Domingo de Urtiaga a las obras.

Este maestro, sustituiría a Joan Corbera hasta el 10 de noviembre de 1534, cuando los trabajos en el edificio consular estaban a punto de concluir. Urtiaga, sería el último en sumarse al elenco de *Mestres Pedrapiquers* más relevantes de las obras: Pere Compte, Joan Corbera y Miquel Joan Porcar; este último, más bien en obras de intervención sobre lo ya construido.

Plaza del Mercado

Imagen que muestra la hipótesis del estado de las obras a mediados de 1525. Las esculturas de la «galería de personajes» se habrían iniciado y las gárgolas, posiblemente, concluidas.

3 de abril de 1533 a 3 de julio de 1534

Supuesto estado de las obras a mediados de 1534. La «galería de personajes» estaría construida y las almenas y segunda cubierta inclinada del edificio consular, en estado avanzado.

El motivo de que se construyera una segunda cubierta, en tan poco tiempo, supongo que se debió a los empujes que debió producir sobre los muros de la logia, muy debilitados por la sucesión de ventanas y la esbeltez de los muros de cerramiento de la primera planta; pues tienen una media de 50 cm de espesor y una altura de 14,40 m. De hecho, durante el proceso de restauración descubrimos la presencia de fisuras en los muros, que refuerza dicha hipótesis. La cubierta actual, construida en julio de 1904, fue sometida a varias intervenciones durante el siglo xx y vino a sustituir a la de 1534. La última, la realizamos en 2007 bajo mi dirección y la de mi compañero, Javier Benlloch.

Plaza del Mercado

CONCLUSIÓN DE LAS OBRAS

10 de noviembre de 1534 a 1548

A finales de 1534 los trabajos en las almenas del edificio consular habrían concluido. El edificio debía encontrarse prácticamente construido, a falta de algunos detalles ornamentales y de acabado. Finalmente, en 1548 concluyeron las obras del conjunto monumental de la Lonja.

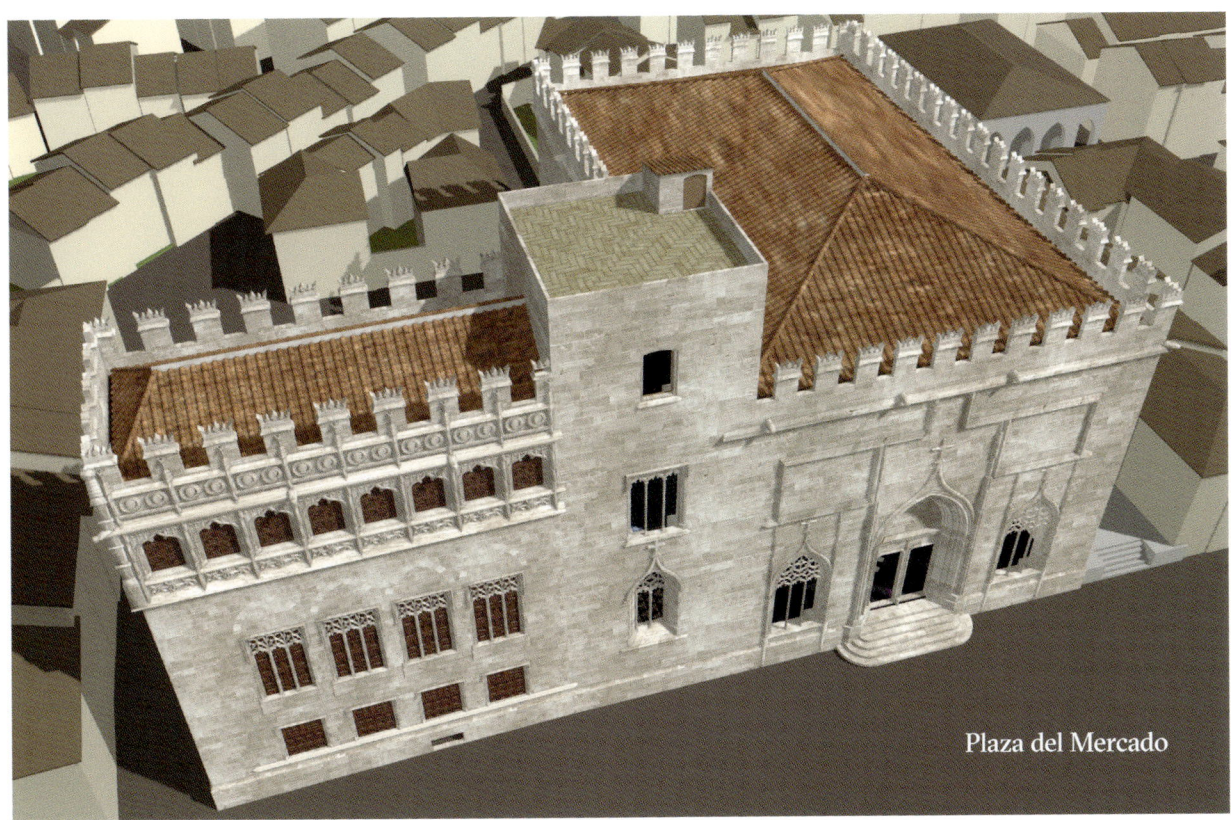

Plaza del Mercado

La fecha oficial del final de las obras del conjunto monumental se produjo en 1548. Año, en el que comienzan importantes obras de intervención para adaptar la lonja a las nuevas necesidades funcionales ocasionadas por la construcción del edificio consular. La dirección de los trabajos correría a cargo del maestro Miquel Joan Porcar. Dicho maestro, construye puertas de conexión entre la torre y las plantas baja y primera del consulado, así como otras obras de embellecimiento; entre otras, una fuente para el huerto y el pavimentado de los consulados de Comercio y de Mar.

FINIS CORONAT OPVS

GLOSARIO

Adobar. Reparar. Arreglar. Restaurar.

Adresador. Aderezador. Artesano dedicado al adorno de ropas de diversa naturaleza.

Albelló. Albañal o sumidero. Desaguadero de las calles, plazas, patios, etc.

Alfardons. Alfardones. Arandelas o volanderas de los carros.

Alféizar. Coronación o remate superior del antepecho de una ventana, sobre el cual, puede acodarse; y sirve de protección y expulsión del agua de lluvia.

Algepser. Yesero. Suministrador de yeso.

Aixa. Herramienta en forma de hacha algo curvada, utilizada para desbastar o dar forma a la madera, utilizada por los Calafates o Maestros de Aixa.

Arener. Arenero. Suministrador de arena o áridos.

Arrocers. Arroceros. Nombre de la Calle que pasaba por el lugar que hoy ocupa la Torre de la Lonja, hasta el siglo XV.

Aspillera. Tronera. Abertura larga y estrecha, en un muro. Ventanal de reducida luz, en relación con su altura.

Atzucacs. Calles o *«Callejones»*, sin salida, que se encuentran en los recintos históricos de las ciudades de trazado árabe.

Baquetones. Moldura de sección semicircular, trazada en ciertos sillares.

Barreig. Tienda de mercadería de salazones.

Bastiment. Andamio.

Bibac. Cuerpo de guardia militar, que se alojó en la Lonja a partir del año de 1707.

Botiga/botiguer. Tienda: casa en donde se vendían diversos productos. Tendero.

Brodadors. Bordadores. Oficio propio del artesano dedicado al bordado de diversas prendas.

Buidor/buydador. Vaciador. Excavador. En general puede abarcar diversos oficios: Vaciador de metales. Excavador de tierras. Etc.

Cabiró. Madero grueso, utilizado para vigas, pares o tirantes de las estructuras de forjados y cubiertas.

Cabrio. Parecillo. Cabio. Madero de pequeña escuadría, que se dispone perpendicularmente a las correas y sobre cuyo entramado, se construyen los tableros de rasilla para la formación de los faldones de las cubiertas inclinadas.

Cadira/cadires. Silla/sillas.

Cafisos/Cafisá. Medida cúbica de áridos, que equivale a 12 fanegas o barchillas, (666 litros).

Calafate. Oficial especializado en el manejo de la *Aixa* (hacha), con la que desbastaba y daba forma adecuada a la madera.

Calciner. Calero. Suministrador de cal, habitualmente viva, para apagarla en obra.

Canela/Caneles. Vela/velas para alumbrar.

Caragol. Caracol. En construcción: escalera helicoidal, de planta circular o poligonal.

Casa Obrador. Tipología de vivienda, de reducida anchura fachada, con dos o tres alturas; cuyo nivel inferior, se utilizaba para taller o tienda y en el superior —o superiores—, para vivienda.

Cedaceros. Cedaceros. Artesanos, especializados en la fabricación de cedazos, utilizados en la construcción para tamizar los áridos.

Cènia. Noria, máquina para elevar el agua.

Cindries. Cimbras. Elementos estructurales auxiliares que servían provisionalmente, para sostener las bóvedas o arcos, durante su proceso de construcción.

Consell de la Ciutat. Consejo de la Ciudad. En la ciudad de Valencia, tenía funciones equivalentes a las de un Ayuntamiento.

Consolat. Consulado.

Corda. Cuerda.

Corder. Cordelero. Suministrador de cuerdas y sogas, que se utilizaban para el arriostramiento de andamijes o el izado de material.

Corondes. Columnas.

Cuberta/coberta. Cubierta.

Diners. Dineros.

Droguer. Droguero.

Empaliar. Entoldar.

Enfaronada. Enfarolada. Colocar faroles.

Enllosat. Enlosado. Cubrir el suelo con losas.

Enjarje. Conjunto de adarajas y endejas que se dejan en espera, cuando se interrumpe la ejecución de una obra de fábrica, para conseguir una buena trabazón.

Enramar. Enlazar o entretejer.

Entalladors. Entallador. Artesano encargado de esculpir piezas de madera.

Enteulat. Tejado/cubierta resuelta con teja, como elemento de cobertura.

Escurar. Fregar. Limpiar.

Ferrer/ferroveller. Herrero. Vendedor de objetos de hierro viejo. En Valencia; se denomina así, a todo el que vende dichos objetos en el sitio llamado *Encant* o *Baratillo*.

Ferreter. Ferretero. Suministrador de material diverso; entre otros, clavos.

Forrellat. Cerradura.

Frontissa/Frontisses. Bisagra. Clavo o pasador de hierro que encaja en los anillos de dos planchitas del mismo metal y sirve para abrir y cerrar las puertas y ventanas.

Fusta. Madera.

Fuster. Carpintero.

Granera/graneres. Escoba/escobas.

Imaginaire/imaginer. Imaginario. Estatuario. Escultor o pintor de imágenes.

Intradós. Cara o haz interior de un determinado elemento constructivo (muro, arco, bóveda, etc.).

Jurat. Jurado. Cargo que ostentaban algunos prohombres de la Valencia foral.

Lancer. Lancero. El que labra lanzas.

Lienza. Cuerda fina, que sirve para trazar alineaciones en las operaciones de replanteo en las obras de construcción.

Lotja/lotga/llotja. Lonja.

Llotja de l´ Oli. Lonja del Aceite. (Predecesora de la Lonja de los Mercaderes).

«Llibres de Fábrica de *Murs* y *Valladars*». «Libros de Fábrica de Muros y Valladares».

«Llibres de Llotja Nova». «Libros de Lonja Nueva».

«Llibres d´ Obra de la Llotja Nova». «Libros de Obra de Lonja Nueva».

«Llibres d´ Obra de la Llotja». «Libros de Obra de la Lonja».

Lliura/lliures. Libra/libras; moneda con la que se pagaban los salarios.

Maneguetes. Travesaño que sujeta los cristales en las vidrieras.

Manobre. Peón de Albañil. Obrero auxiliar del Albañil.

Manobre de fusta. Obrero auxiliar del Oficial Carpintero.

«Manuals de Consells». «Manuales de los Consejos». (Referencias a la recopilación de órdenes e instrucciones del Consejo de la Ciudad).

Manya. Cerrajero.

Mestre. Maestro.

Mestre d´ Aixa. Calafate. Maestro de *Aixa*.

Molles. Moldes de madera. Plantillas de picapedrero. Escantillón.

Murta. Arrayán. Mirto. Arbusto de ramas flexibles, hojas pequeñas perennes, lustrosas y duras y flores pequeñas de color blanco.

Netejador. Operario especialista de la limpieza de los pozos o acequias (*netejador de mares*).

Obrer. Obrero. Albañil.

Obrer de Vila. Maestro de obras de albañilería. Maestro Albañil.

Ort. Huerto.

Palometa. Pieza de madera que correspondía al brazo o brazos de las grúas de polea.

Pedra/pedres. Piedra. Piedras.

Pedrapiquer. Picapedrero.

Piquons. Pisones. Herramienta utilizada para compactar el terreno.

Raspall. Cepillo.

Ratjoler/rajoler. Fabricante y suministrador de ladrillos.

Reble. Árido. Zahorra. Mezcla de áridos de diversos tamaños que se utiliza en la fabricación de hormigones y morteros.

Rocins. Caballos/mulas. Generalmente utilizados para el acarreo, en las obras de construcción.

Roda. Rueda.

Scrivá. Escribano. En la obra de la Lonja; persona responsable de reflejar determinados hechos, en los correspondientes libros de obra.

Sparter. Espartero. Artesanos del esparto. Realizaban —mediante trenzado—, capazos utilizados para el transporte de materiales en las obras de construcción.

Sènia. Noria.

Serra. Sierra.

Sobrestant. Capatáz. Oficial encargado de la vigilancia de un grupo de obreros; así como de la recepción en obra del estado de los materiales y su correcta puesta en obra.

Sotsobrer. Albañil de inferior rango. Hoy sería su equivalente, un Oficial Albañil, de segunda.

Sou. Sueldo.

Tallapedra. Cantero. Suministrador de piedra.

Tapiador. Albañil especializado en la construcción de muros de adobe o tapia.

Taula de Canvis. Mesa de Cambios. Primer banco municipal, en donde se realizaban todas las operaciones mercantiles de cambios y depósitos.

Telar. Plano de la jamba de un vano, que forma escuadra con el paramento.

Teula. Teja.

Toísa/tuesa/toesa. Antigua medida francesa de longitud, que equivalía a 1,949 metros.

Torner. Tornero. Operario encargado del manejo y control de los tornos, encargados de la elevación o bajada de los materiales de construcción, a su lugar de colocación.

Trasdós. Cara o haz exterior de un determinado elemento constructivo (muro, arco, bóveda, etc.).

Traginer. Traginero. Transportista de mercaderías.

Trenells. Cuerdas trenzadas.

Vall/valladar. Foso que se encontraba por delante del recinto árabe que lleva la dirección de un antiguo afluente del río Turia.

Vara. Unidad de medida, utilizada antiguamente, que equivalía a 0,8359 metros

Vidrier. Vidriero. Recercador de ventanas.

Volta. Bóveda.

Zequia/cequia. Acequia. Canal de agua para el regadío, de limitada sección.

BIBLIOGRAFÍA

Aldana Fernández, S. *La Lonja de Valencia*. Valencia, 1988

Archivo de Arte Valenciano. *Los Artesonados de la antigua Casa Municipal de Valencia*. Tramoyeres, L. Valencia, 1917

Archivo de Arte Valenciano. *La Lonja*. Ferreres Soler, L. Valencia, 1921

Archivo de Arte Valenciano. *El Patio de los Naranjos de la Lonja de Valencia*. Cortina, J. Valencia, 1930-1931

Archivo fotográfico de José Huguet. Valencia.

Archivo General de Simancas. Desnaux, C. *Guerra Moderna. Legajo 3614*. Valladolid.

Archivo de Arte Valenciano. *Los Artesonados de la antigua Casa Municipal de Valencia*. Tramoyeres, L. Valencia. 1917

Archivo de Arte Valenciano. *La Lonja*. Ferreres Soler, L. Valencia. 1921

Archivo Municipal de Valencia. *Colección de Fotografías de la Lonja*.

Archivo Municipal de Valencia. Comisión de Monumentos y Museos. Legajos.

Archivo Municipal de Valencia. *Libros Capitulares y de Actas*. 1107 a 1800. (Consultados del D1 al D7).

Archivo Municipal de Valencia. *Libros de Actas de la Comisión de Gobierno*. 1884

Archivo Municipal de Valencia. *Libros de Clavería Comuna y Administración Lonja Nueva*. 1601 a 1655

Archivo Municipal de Valencia. *Libros de Clavería Comuna y Administración Lonja Nueva*. 1601 a 1655

Archivo Municipal de Valencia. *Llibres d´Obra de la Llotja Nova*. 1483 a 1575

Archivo Municipal de Valencia. *Llibres de Llotja Nova*. 1600 a 1718

Archivo Municipal de Valencia. *Llibres d´Obra de la Llotja*. 1483 a 1613

Archivo Municipal de Valencia. *Llibres de Llotja Nova*. 1500 a 1555

Archivo Municipal de Valencia. *Llibres de Llotja Nova*. 1600 a 1718

Archivo Municipal de Valencia. *Llibres de Fabrica de Murs y Valls*. 1600 a 1800. (Consultados desde el año de 1700 al 1800).

Archivo Municipal de Valencia. *Manuals de Consells*. 1465 a 1548

Archivo Municipal de Valencia. *Manuals de Consells*. 1600 a 1800. (Consultados hasta el año de 1604).

Archivo de la Real Academia de Bellas Artes de San Carlos. *Legajos de la Sección de Arquitectura*. Valencia, 1899-1927

Archivo de la Real Academia de Bellas Artes de San Carlos. *Planos de Sección y detalles de la Lonja de Valencia*. Antonio Rubio. Valencia, 1807

Archivo de la Sección de Monumentos. Valencia, 1958-1985

Ayuntamiento de Zaragoza. *Plan General de Ordenación Urbana. Zaragoza.es. Vistas de la Ciudad.*

Biblioteca Valenciana. *Fondo fotográfico del siglo XIX.* Valencia.

Benlloch Marco, J.; Ramírez Blanco, M.J. *Proyecto de limpieza y mantenimiento de fachadas e interiores de la Lonja de los Mercaderes de Valencia. Fases I, II y III.* Valencia, 2004-2008

Catálogo de Documentos. *Tercera Sección. Archivo General Militar de Segovia.* Madrid, 1988

Díaz Prósper, J.J. *Colección Fotográfica de la Lonja.* Valencia.

Diccionario General Valenciano-Castellano. Martín y Gadea, J. Valencia, 1891

García Bellido, A. *Valencia, colonia romana.* 1972

Huget, J. y Jarque, F. *La Lonja. Monumento vivo.* Valencia 1998

Iborra, F. y García, V. *La Lonja que no fue. Reflexiones e hipótesis sobre el proyecto inicial de la Lonja de Valencia.* «Anales de Historia del Arte». 2012, Vol. 22, Núm. Especial 295-315.

Jiménez, R. y Soler, P. Arquitectos. *Proyecto de Pavimentación de la plaza del Dr. Collado de Valencia.* Servicios Centrales Técnicos. Ayuntamiento de Valencia.

Jiménez, R.M. *Arte y Decoración en España V.* Planos de Sección, Planta y Fachada oeste de la Lonja. 1876

Montaigu de la Perille, A. Valencia, 1724. *Cartografía de la Región de Valencia.*

— *Plano de elevaciones de la Casa o Lonja de la Seda.*

— *Plano y perfiles de un plano de cuarteles para alojar a un batallón.*

— *Elevación de la principal fachada del edificio de los Quarteles.*

Real Academia de Bellas Artes de San Carlos. *Archivo de Arte Valenciano. Enero-diciembre, 1930-1931.* Valencia.

Ramírez Blanco, M.J. *La Lonja de Valencia y su Conjunto Monumental. Origen y Desarrollo Constructivo. Evolución de sus Estructuras: Sinopsis de las Intervenciones más Relevantes. Siglos XV al XX.* Tesis Doctoral. Universitat Politècnica de València. Valencia, 1999

Ramírez Blanco, M.J. *La lonja en el III Milenio. Crónicas del pasado.* Ayuntamiento de Valencia. Valencia, 2000

Ramírez Blanco, M.J. *Lonja de Valencia. Lonja de la Humanidad.* Ayuntamiento de Valencia. Valencia, 2006

Rieta, Emilio. *Colección particular de documentos y fotografías.*

Sanchis Guarner, M. *La Ciutat de València.* Valencia, 1981

Teixidor, J. *Antigüedades de Valencia.* 1767

Teixidor de Otto, M. Jesús *Funciones y desarrollo urbano de Valencia.* Valencia, 1976

Wijngaerde, Van der *Les vistes valencianes.* 1563